God dag,

wenn man die Bilder in diesem DuMont Bildatlas anschaut, glaubt man es sofort: Laut OECD sind die Dänen die glücklichsten Menschen der Welt – tatsächlich haben sie allen Grund dazu, und das liegt nicht nur an den tollen Festen. Die relativ homogene Sozialstruktur ist sicher ein entscheidender Grund für ihren Glücklichkeitsstatus (s. Seite 31). Dazu mag kommen, dass die Dänen in einer wunderschönen Umgebung leben. Hier gibt es einige der schönsten Strände Europas, eindrucksvolle Kreideklippen, viele kleine Städte mit liebevoll restauriertem Ortskern, prächtige Schlösser, hervorragend bestückte Museen und großartige Hinterlassenschaften der Wikinger.

TRENDCITY KOPENHAGEN

Und nicht zuletzt eine Hauptstadt, die sich schon längst zur Trendcity entwickelt hat. Folgen Sie unserem Autor Christoph Schumann und erleben Sie Kopenhagen mal aus einem ganz anderen Blickwinkel, etwa bei einer Paddeltour (Seite 83), oder machen Sie mit der Metro auf einen Trip in die Zukunft (Seite 76). Sie werden feststellen, Kopenhagen ist gemütlich und innovativ zugleich, weltoffen, grün und futuristisch, einfach liebenswert.

NEUES COVER, NEUE GESTALTUNG

Beim Durchblättern dieses DuMont Bildatlas fällt Ihnen vielleicht auf, dass sich die Gestaltung gegenüber älteren Ausgaben verändert hat. Wir hoffen, wir haben damit Ihren Geschmack getroffen. Beachten Sie doch bitte die neuen Rubriken „Ja natürlich“ am Ende jedes Infoteils und „Urlaub erinnern“ (S. 120/121). Dort präsentiert Ihnen unser Autor Christoph Schumann, was er von seinen Dänemark-Aufenthalten mitgenommen hat und was ihn zu Hause noch lange an die Urlaube bzw. Recherchereisen erinnert.

Herzlich

Ihre

Birgit Borowski

Birgit Borowski
Programmleiterin DuMont Bildatlas

Unser Fotograf Gerald Hänel war ganz begeistert vom Straßenkarneval in Aalborg. Nicht zuletzt, weil er im Mai stattfindet!

Ob Nervenkitzel auf der rauen Nordsee oder Planwagen-Beschaulichkeit auf Samsø – der Norden Jütlands bietet das ganze Spektrum.

Eine Austernsafari ist schon ungewöhnlich – sommers wie winters.

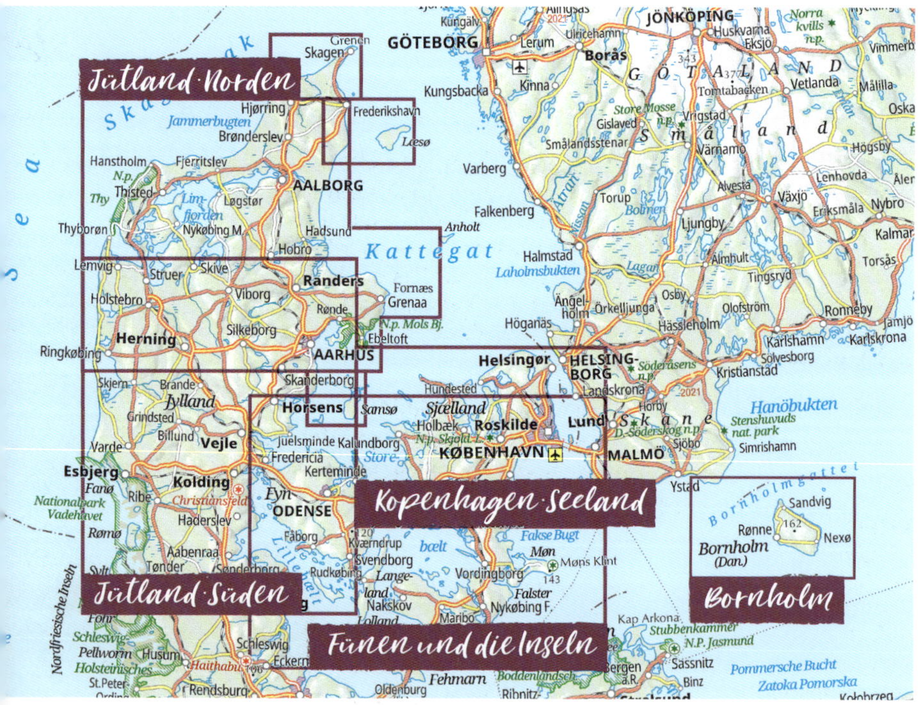

Dänemarks Hauptstadt ist der Spagat zwischen Tradition und Moderne perfekt gelungen.

Das Beste erleben

Berührend, aufregend und spannend …
sind unsere Ideen, die wir für Ihren Aufenthalt
in Dänemark zusammengetragen haben.

Naturwunder

• 1 •

DÄNEMARKS SCHÖNSTE STRÄNDE

Rømø ganz im Westen und Dueodde ganz im Osten auf Bornholm sind wunderbar weitläufige Küstenstreifen.

Seite 39 und 113

• 2 •

DÄNEMARKS „NORDKAP“

Die größte Naturattraktion Dänemarks ist Jütlands Nordspitze Grenen.

Seite 60

• 3 •

DIE KLIPPEN VON MØNS KLINT

Den schönsten Blick auf die leuchtend weißen Kreidefelsen hat man vom Wasser aus.

Seite 97

Frischer Schwung

• 4 •

ALTSTÄDTE VON RIBE UND ÆRØSKØBING

Aus gutem Grund stehen Ribe und Ærøskøbing unter Denkmalschutz.

Seite 40 und 96

Große Kunst

* 5 *
KOLDINGS MUSEUM TRAPHOLT

Vor allem Freunde von Kunsthandwerk und Design kommen in Trapholt auf ihre Kosten.
Seite 41

* 6 *
VOERGÅRD UND EGESKOV

Aus Dänemarks feudaler Pracht ragen diese beiden Schlösser besonders heraus.
Seite 60 und 96

* 7 *
BLICK ZURÜCK IN LINDHOLM HØJE

Die Ausgrabungen legten Steinsetzungen und Siedlungsreste in Dänemarks bedeutendster Frühzeitstätte frei.
Seite 61

* 8 *
KÖNIGLICHE WELTEN IN ROSENBORG

Das Kopenhagener Museum präsentiert die Geschichte des dänischen Königshauses und dessen Kronjuwelen.
Seite 81

* 9 *
LOUISIANA UND BORNHOLM

Nicht nur ihre großartigen Sammlungen, auch ihre Lage lohnen den Besuch der Kunststätte Louisiana und des Kunstmuseums von Bornholm.
Seite 82 und 112

* 10 *
WIKINGERERBE IN ROSKILDE

Originale Schiffe gehören zum Schatz des Wikingermuseums.
Seite 82

* 11 *
MÄCHTIGES HAMMERSHUS

Die größte Burgruine Nordeuropas wacht über Bornholm.
Seite 111

NYHAVN 17
17
15
HEERING
Restaurant & Bistro
ESTAURANT
illy

BUNTE METROPOLE

Kopenhagen ist eine moderne, kompakte Weltstadt, weshalb sich fast alle Sehenswürdigkeiten bequem zu Fuß erkunden lassen: der Vergnügungspark Tivoli gleich beim Rathaus, die Shoppingmeile Strøget, Schlösser wie Amalienborg, Rosenborg und Co., die Nationalgalerie. Nyhavn (Foto) mit seinen bunten Fassadenn ist das Flanier-, Ausgeh- und Feierquartier.

7000 KILOMETER KÜSTE

Meer zu allen Seiten und rund 450 Inseln. Steilküsten wie die weltberühmten Kreidefelsen Møns Klint (Foto) und die Kreideküste Stevns Klint bergen archäologische Schätze und die Geschichte von Millionen Jahren. So wild und rau sich die dänische Nordsee im Westen oft zeigt, so mild gibt sich meist die Ostsee.

IN DER WEITE DES LANDES

Fast 10 000 Kilometer Radwege legen sich wie ein Spinnennetz über Dänemark. Mit traumhaften Landschaften und „Bergen“ von nicht einmal 200 Metern Höhe ist das Königreich ohnehin geschaffen für Touren mit dem Drahtesel oder in Wanderschuhen. Das Geheimnis dieser sanften Schönheit: Das hügelige Binnenland ist wie Küsten und Inseln von der letzten Eiszeit geformt und rund geschliffen worden.

LEBENDIGE GESCHICHTE

Im ältesten Königreich der Welt begegnet man Geschichte auf Schritt und Tritt. Überall in der Landschaft lassen sich Spuren dänischer Vergangenheit finden – angefangen bei den Runensteinen in Jelling bei Billund aus dem 10. Jahrhundert, die als Gründungsurkunde des Landes gelten, über Wikingersiedlungen hin zu den vielen Burgen und Schlössern. Ensembles wie das Renaissanceschloss Egeskov (Foto) auf Fünen sind großartige Kulturschätze.

IN FEIERLAUNE

Nordisch kühl? Von wegen! Wenn es ums Feiern geht, können sich die Dänen mit jedem anderen Land messen. Dass die meisten Feste in die warmen Frühjahrs- und Sommermonate fallen, verwundert nicht. Selbst der (Straßen-)Karneval kann da schon mal – wie hier in Aalborg – erst zu Pfingsten stattfinden.

MEHR MEER GEHT NICHT

Kilometerlange Strände und weite Blicke aufs offene Meer unter einem immer mal wieder dramatischen Himmel – die dänische Nordsee ist seit Generationen die beliebteste dänische Urlaubsregion (Foto: Henne Strand). Typisch dänisch ist hier der Urlaub in einem Ferienhaus gleich hinter den hohen Dünen und damit mit nur wenigen Metern bis zum Wasser …

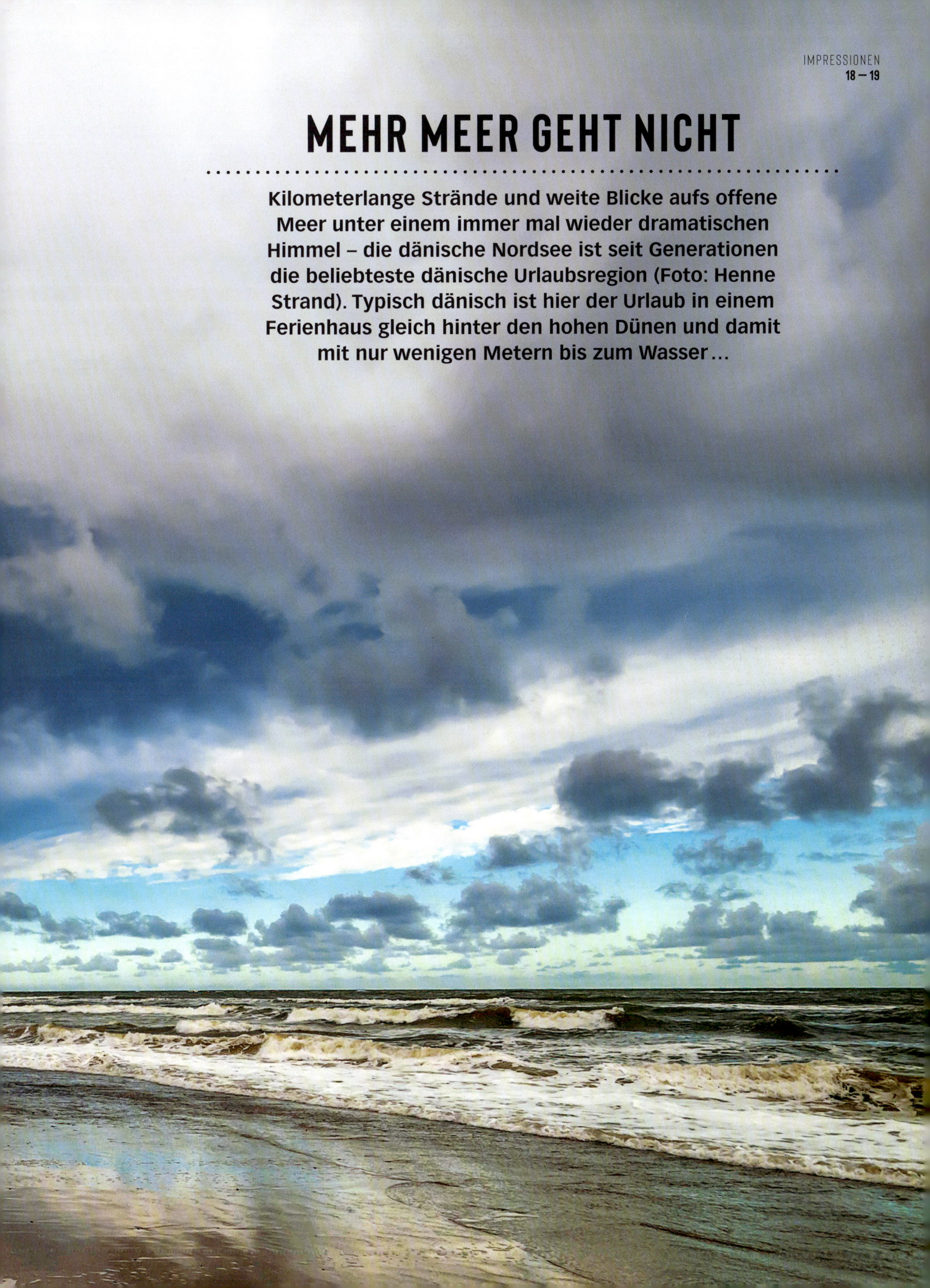

NORDISCH-FUNKTIONAL

Dänisches Design besitzt Weltruf. Träger großer Namen wie Arne Jacobsen und Verner Panton betätigten sich mit nordisch-funktionaler Architektur und ausgefallenen Möbeln als Pioniere zeitgenössischer Formgebung weltweit. Vertreter der Moderne sind denn auch häufig präsent: Im Aarhuser Kunstmuseum ARoS (Foto) kann man im „Your Rainbow Panorama" auch an grauen Tagen farbenfrohe Ausblicke genießen.

Wikingerstätten

EROBERER UND REISENDE WIE DU UND ICH

Gehen Sie auf Zeitreise zu den Wikingern, zu den mythenumwobenen Nordmännern, deren Epoche um 800 begann und mit der Schlacht von Hastings 1066 jäh endete. Dank ihrer Schiffsbaukunst reisten sie in nur 250 Jahren als Händler, Entdecker und seltener als Plünderer um die halbe Welt. Grund genug, um in Museen, auf Märkten und Festivals das reiche Erbe der Wikinger in deren historischer Heimat zu erkunden.

1 Wikingertreffen in Moesgård

Mehr Wikinger-Flair geht kaum: Rund um das Museum Moesgård bei Aarhus treffen sich immer am letzten Juli-Wochenende Tausende „Wikinger" und Fans zu einem der größten Wikingertreffen des Nordens. Die Zeitreisenden kommen aus fast 15 Ländern Europas, um sich bei Handel, dem Genuss echter Wikingerkost, aber auch zu Kämpfen und Reitwettbewerben zu treffen. Hier kann man die Wikingerzeit sehen, riechen, schmecken – und ein kleines Stück davon auch für zu Hause einkaufen.

Vikingetraeffet, Moesgård Allé 15, DK-8270 Højbjerg, Tel. 87 39 40 00, www.vikingetraeffet.dk

2 Wikingerschiffsmuseum in Roskilde

Das Wikingerschiffsmuseum in Dänemarks einstiger Königsstadt Roskilde ist Dänemarks bekannteste Wikingerattraktion. Im nahen Roskilde Fjord fanden Archäologen in den 1960er-Jahren fünf gleich gut erhaltene Wikingerschiffe. Die sogenannten Skuldelev-Boote aus dem 11. Jahrhundert können heute in der Wikingerschiffshalle des Museums bestaunt werden. Rund um die Originale ist zudem ein sehenswerter Museumshafen mit einer eigenen Werft entstanden. Kleine und große Besucher können von hier aus auf „Kaperfahrt" hinaus auf den Fjord gehen. Ein Neubau für das schon im Jahr 1969 eröffnete Museum ist derzeit in Planung.

Vikingeskibsmuseet, Vindeboder 12, DK-4000 Roskilde, Tel. 46 30 02 00, www.vikingeskibsmuseet.dk

3 Bork Vikingehavn

Unmittelbar am Ringkøbing Fjord liegt ein kleines Wikingerdorf, in dem alles so scheint wie vor 1000 Jahren. Die Wikingerschiffe liegen bereit zur Ausfahrt, Händler, Handwerker und Hausfrauen berichten von Alltag und Abenteuern. Für Kinder stehen Runenjagd und der Wikingerspielplatz auf dem Programm. Der Wikingerhafen hat von Ende März bis Mitte Oktober geöffnet; Mitte August findet ein Wikingermarkt statt.

Bork Vikingehavn, Vikingevej 7, Sdr. Bork, DK-6893 Hemmet, Tel. 75 28 05 97, https://levendehistorie.dk/titelseite

4 Frederikssund Vikingespil

Das kleine Frederikssund in Nordseeland gilt als Wikingerhochburg des Landes – seit mehr als 60 Jahren bringen Laien jeden Sommer wechselnde Wikingertheaterstücke auf die Bühne. Inzwischen hat sich außerdem eine kleine Nordmännersiedlung entwickelt, die Besucher auf eigene Faust oder im Rahmen einer Führung erleben können.

Frederikssund Vikingespil, Kalvøen, DK-3600 Frederikssund,Tel. 42 96 95 96, www.vikingespil.dk

5 Wikingerfestung Aggersborg

Rundburgen gehören zu den spektakulärsten Bauwerken der Wikinger. Noch vor der Burg Trelleborg auf Seeland ist Aggerborg in Jütland die größte der bekannten Wikingerfestungen in Dänemark: Der Ringwall hat einen Durchmesser von 285 Metern – vermutlich befanden sich im Innern knapp 50 Häuser von je 33 Metern Länge. Errichtet wurde die Festung an der strategisch wichtigen schmalsten Stelle des Limfjords von König Harald Blauzahn in den Jahren 980/981, dem sie vielleicht als Basis für seine Züge nach England diente. Der Zugang zur Aggerborg ist kostenlos.

Vikingeborgen Aggersborg, Aggersborgvej, DK-9670 Løgstør, www.visitvesthimmerland.de

6 Lindholm Høje

Nördlich von Aalborg liegt auf einer Anhöhe über dem Limfjord einer der beeindruckendsten Grabplätze Nordeuropas, auf dem rund 150 Schiffssetzungen und fast 700 Gräber aus der Wikinger- und der Eisenzeit die Jahrhunderte überdauert haben. Gleich nördlich des Gräberfeldes Lindholm Høje fand man bei Grabungen Reste von Häusern und Brunnen. So gut erhalten blieb der Grabplatz nur, weil er um das Jahr 1000 von Sandfluchten bedeckt und damit konserviert wurde. Im angeschlossenen Lindholm Høje Museum gibt es weiterführende Informationen zur Wikingerzeit.

Lindholm Høje, Vendilavej 11, DK-9400 Nørresundby, Tel. 99 31 74 40, https://nordmus.dk/u/lindholm-hoeje-museet

APPARE
PX 33 454

Jütland · Süden

WELLENGANG UND WELTERBE

Jütland, das dänische Festland, steckt voller Kontraste – im Osten die milde Ostsee, im Westen die raue Nordsee, hier alte Hafen- und Handelsstädte, dort die älteste und die jüngste Stadt des Königreichs als enge Nachbarn. Dazu kommen Highlights wie das Welterbe Wattenmeer, Legoland in Billund und die breitesten Strände Europas.

Ribes Hafen atmet noch die geruhsame und beschauliche Stimmung früherer Zeiten.

Ringreiten vor Sønderborgs Schloss: Die Jagd nach dem kleinen Ring wird beiderseits der deutsch-dänischen Grenze sehr geschätzt – wobei in Dänemark die Landesfarben deutlicher betont werden.

Dyvig an seinem tief in die Insel Als eingeschnittenen Fjord ist auch bei deutschen Seglern überaus beliebt: Blick von der Marina auf das „Dyvig Badehotel".

Das im 17. und 18. Jahrhundert errichtete Schloss Augustenburg war bis 1921 Sitz der Herzöge von Augustenburg und dient heute als Verwaltungsgebäude. Sein Park ist aber frei zugänglich.

Die Düppeler Schanzen haben für Dänen noch immer eine große Bedeutung.

RINGREITEN GEHÖRT IN SÜDJÜTLAND ZU DEN MIT HERZBLUT GEPFLEGTEN TRADITIONEN. DANN KOMMEN AUCH LÄNGST WEGGEZOGENE ZURÜCK, UM FAMILIE UND FREUNDE ZU TREFFEN.

Typisch dänisch – und (fast) das ganze Königreich auf einen Punkt gebracht: Nur wenige Kilometer jenseits der deutsch-dänischen Grenze, deren früheren Verlauf man inzwischen kaum noch erahnen kann, lässt sich ein Dänemarkurlaub kaum besser beginnen als an „Annies Kiosk". Der kleine Hotdog-Stand in Kollund bei Kruså mit Blick auf Flensburger Förde und die dänischen Ochseninseln besitzt alles, wofür man das Land der beiden Meere Nord- und Ostsee, der 7000 Kilometer Küste und der mehr als 400 Inseln einfach lieben muss: die typisch dänischen Pølser natürlich, die heutzutage nicht mehr ganz so grellroten Würstchen. Und das unwiderstehliche Softeis, selbstverständlich.

Vor allem aber gibt es hier jene besondere, herzliche Atmosphäre, die auf Dänisch „hygge" heißt – mit Gemütlichkeit ist die entspannte Stimmung nur annähernd beschrieben. Diese herrscht selbst hier am Schnellimbiss, der nach der 2016 verstorbenen, legendären Hotdog-„Königin" Annie Bøgild benannt ist und im Geiste der unvergessenen Gründerin weitergeführt wird. An einem Sommertag, ja selbst in der kühlen Jahreszeit treffen sich am Kultkiosk Autofahrer und Motorradfreunde, Radler und Segler, Banker und Studenten, Dänen, Deutsche und noch weiter Gereiste – gute Laune, lockere Gespräche, entspannter Genuss inklusive. Ein Stück Vorzeige-Europa in einer Nussschale!

DÄNISCH – UND INTERNATIONAL

Kaum zu glauben, dass die Region einst hart umkämpft war, und sich nur wenige Kilometer weiter östlich nahe Sønderborg im Jahr 1864 eine verlustreiche Schlacht zwischen dänischen und preußischen Truppen ereignete, die in Dänemark unvergessen ist. Das Ergebnis ist bekannt: Nach dem Sieg der Preußen bei den Düppeler Schanzen, wo heute ein sehenswertes Museum steht, wurde Nordschleswig deutsch. Erst nach dem Ersten Weltkrieg, 1920, durften die Menschen der Region in einer Volksabstimmung über ihre Zugehörigkeit entscheiden. Seither trägt die dänisch-deutsche Grenze das heutige Gesicht: Flensburg blieb deutsch, Städte wie Aabenraa oder Tønder, Apenrade und Tondern wurden wieder dänisch.

Spätestens seit der Bonn-Kopenhagener Erklärung von 1955 gilt das Minderheitenmodell als Vorbild für andere „Grenzfälle" in Europa und der Welt. Kulturelle Identität und politischer Wille der Minderheiten auf beiden Seiten sind gesichert. Rund 50 000 „deutsche" Dänen in Südschleswig bekennen sich heute zu ihrer nordischen Heimat. Dänischspra-

Das Kunstmuseum Tønder zeigt auch Designmöbel, darunter einige vom für seine Holzstühle bekannten Möbeltischler Hans J. Wegner (oben links). Blick aus Ribes Fußgängerzone Overdammen auf den ursprünglich romanischen, später dann gotisch erweiterten Dom, der die gut erhaltene Altstadt beherrscht (oben rechts); auf dem Anfang Mai veranstalteten Wikingermarkt des Ribe Vikinge-Center (unten links) und altes Gässchen in Møgeltønder (unten rechts)

Blick auf Ribe an der Ribe Å: Hier hatte der Missionar Ansgar 860 eine erste Kirche errichten lassen.

Naturphänomen

Special

„Sort Sol"

„Sort sol" nennen die Dänen das wohl faszinierendste Phänomen im Wattenmeer, Lebensraum Tausender Seehunde und von bis zu zwölf Millionen Zugvögeln. Hauptdarsteller der „Schwarzen Sonne" sind im Frühling und besonders im Herbst die Stare auf ihrem Weg von Süden nach Norden und zurück. Bei Sonnenuntergang sammeln sie sich in Schwärmen von bis zu 500 000 Tieren, um im Schilf zu übernachten. Dabei verdunkeln sie die untergehende Sonne – die „Schwarze Sonne", die noch intensiviert wird, wenn Greifvögel die Stare hochschrecken. Naht ein Angreifer, sieht man schon von fern, wie der Schwarm zur Abwehr ständig seine Form verändert. Da die Stare ihr Nachtquartier täglich wechseln, hat man auf einer Naturtour mit einem Ranger die besten Chancen, live beim „Sort sol" dabei zu sein.

chige Schulen, eine eigene Bibliothek, die Zeitung „Flensborg Avis" oder der Südschleswigsche Wählerverband, der oftmals in Kiel mitregierte, sind gelebte Normalität. Gleiches gilt für rund 15 000 Dänen nördlich der Grenze, die sich zur deutschen Minderheit zählen, den „Nordschleswiger" lesen und ihre Kinder auf eine der deutschsprachigen Schulen beispielsweise in Apenrade schicken.

REICHTUM DURCH SEEFAHRT

Apropos Aabenraa: Wie seine Nachbarn Haderslev, Sønderborg, aber auch Kolding oder Flensburg, blickt die Stadt an der – verglichen mit der rauen Westküste – milderen Ostsee auf eine lange, erfolgreiche Zeit als Hafen- und Handelsstadt zurück. Dank ihrer geschützten Häfen waren die Orte über Jahrhunderte Zentrum von Werften und Flotten, die mit Korn, Vieh und anderen Waren teils in fester Linienverbindung zu nahen Häfen wie Hamburg, aber auch der weiten Welt standen. Die drei Makrelen im Stadtwappen von Aabenraa sind nur einer von vielen Belegen dafür. Sie weisen auf die große Bedeutung der Fischerei hin. Der einstige Reichtum lässt sich noch heute beim Bummel durch die kopfsteingepflasterten Gassen mit ihren detailverliebt gepflegten Bürgerhäusern erahnen.

Härter war da das Leben an der Nordseeküste. Während die Kaufmannsstädte am Kleinen Belt schon Wohlstand kannten, waren die Einwohner von Rømø, Mandø oder Fanø so arm, dass sie als gute Seeleute noch vor 300 Jahren auf Schiffen überall in Europa anheuern mussten. Erst als die Inselkapitäne dank ihrer nautischen Erfahrung auf eigene Rechnung fahren konnten – meist im Walfang –, wurden die Menschen an der Nordsee wohlhabender. Kapitänshöfe auf Rømø, das Museum Kommandørgaarden etwa, verströmen bis heute den Atem dieser maritimen Vergangenheit und den Duft der großen, weiten Welt.

KULTUR DES KUCHENESSENS

Es ist diese Weltoffenheit, die bis heute die dänische Gastfreundschaft prägt. Eines der charakteristischsten und regionalen Beispiele dafür ist die legendäre Südjütländische Kaffeetafel. Der dänisch Sønderjysk Kaffebord – von Bord, Tisch – genannte Festtisch wird klassischerweise zu Geburtstagen, Familienfesten oder an Sonntagen mit bis zu 14 verschiedenen Kuchen und Torten gedeckt, zu denen Kaffee und Tee gereicht werden, und gilt weit über die Landesgrenzen hinaus als legendär. Seine Tradition reicht bis ins 18. Jahrhundert zurück. Unvergesslich verewigt hat sie der

Es ist immer interessant, was sich im Wattboden vor Rømø verbirgt (oben links). Der einstige Wohnsitz eines Walfangkapitäns ist heute Rømøs Museum: Kommandørgården (oben rechts). Das Drachenfestival Kite Flyers Meeting findet am Rindby Strand auf Fanø statt (unten links). Mit dem Kitebuggy geht es auf Rømø flott über den Sand (Mitte rechts). Die Dänen haben ein Herz für Hunde – auch am Strand (unten rechts).

deutsche Schriftsteller Siegfried Lenz – mit einem Ferienhaus auf Alsen Kenner von Land und Leuten – in seiner Erzählung „Kummer mit jütländischen Kaffeetafeln". Kaum jemals ist die dänische Vielfalt an Gebäck wie Wienerbrød (Kopenhagener), Lagkage (Torte) und anderen Spezialitäten so liebevoll geschildert worden wie in Lenz' Bericht vom nicht enden wollenden Kuchenerlebnis: „Der Teller auf meinem Platz konnte mein Teller nicht sein, denn ich hatte ihn leer hinterlassen, und jetzt lastete auf ihm, plätteisengroß, ein naturfarbenes

»WIR WAREN ALLENFALLS AUF GESUNDHEITSKAFFEE UND KNOCHENTROCKENE PLÄTZCHEN GEFASST ...«

Siegfried Lenz in „Kummer mit jütländischen Kaffeetafeln"

Stück Nusstorte, mit Buttercreme ehrlich angereichert, eine Spezialität der Hausfrau. Ich beäugte das Stück, stach es, stupste es mit dem Gäbelchen, fragte es ab: Es wollte nichts weiter als bewältigt werden. Meine Nachbarn bedauerten mich, sie waren mir ein Stück im voraus ..." Südjütländische Kaffeetafeln finden heute seltener statt als noch vor 20 oder 30 Jahren. Doch die seltene Gelegenheit, sie in Cafés wie „Krusmølle" in Aabenraa, im Kommandørgaarden auf Rømø und im „Dyvig Badehotel" auf Als zu genießen, sollte man sich nicht entgehen lassen.

MESSBAR GLÜCKLICH: DÄNEN

Südjütlands Kaffeetafeln sind nicht zuletzt auch ein Hinweis darauf, wie sehr Dänen Geselligkeit und Gemeinschaft lieben. Sie gehören zum Glücklichsein einfach dazu. Überhaupt kann man dem Glück in Dänemark kaum entgehen, in der Hauptstadt Kopenhagen ebenso wenig wie im Süden Jütlands oder im hohen Norden in Skagen an der Nord-

Traditionssegler an einem Ausläufer des
Ringkøbing-Fjords bei Nymindegab

Das Sandskulpturenfestival Søndervig steht jedes Jahr im Sommer unter einem anderen Motto – hier ein Werk zum Thema „Die Wikinger“ –, das mehr als 120 000 Besucher anzog.

Blick vom 39 Meter hohen Leuchtturm
auf Blåvand Strand

spitze des Königreichs. Sogar messbar ist es. Laut OECD nämlich gehören die knapp sechs Millionen Dänen seit Jahren zu den glücklichsten Menschen der Welt. Für ihr „Glücksbarometer“ interviewt die Organisation für wirtschaftliche Zusammenarbeit und Entwicklung in 156 Ländern weltweit jeweils 1000 Menschen über 15 Jahren. Das Ergebnis: Eigentlich immer Spitze, musste sich Dänemark im „World Happiness Report“ 2020 nur seinem nordischen Nachbarn Finnland geschlagen geben.

„Ich glaube, was meine Landsleute glücklich macht, sind letztlich Geld, Wohlstand und wirtschaftliche Sicherheit“, sagt Professor Bent Greve. Der Gesellschaftswissenschaftler von der Universität in Roskilde weiß, wovon er

SÜDJÜTLAND IST BELIEBT – NIRGENDWO IN DÄNEMARK IST DER ANTEIL AUSLÄNDISCHER STUDENTEN HÖHER.

spricht: Greve ist Glücksforscher. „Dänemark ist ein reiches Land. Und Menschen in reichen Gesellschaften sind generell glücklicher als jene in ärmeren Nationen“, so Greve. „In Dänemark vertrauen die Menschen einander. Dann sind wir stolz auf unseren gut funktionierenden Wohlfahrtsstaat. Schule und Gesundheitssystem etwa sind kostenlos. Dies alles heißt, dass wir uns sicher fühlen können – sowohl konkret, etwa wenn wir auf die Straße gehen, aber auch sozial“, ergänzt der Soziologe. Zu Letzterem gehört vor allem, dass Männer und Frauen tatsächlich gleiche Chancen auf dem Arbeitsmarkt und im Berufsleben haben: „Unser Land ist, ähnlich wie die anderen nordischen Länder, eine homogene Gesellschaft. Es gibt wenig wirtschaftliche oder gesellschaftliche Unterschiede. Das soziale Netz zwischen den Menschen ist eng. Und es gibt relativ wenig Einsame und Arme.“

Selbst die kleinen Boote im Legoland tragen die weltbekannten Noppen.

Hätte der gelernte Tischlermeister Ole Kirk Christansen Ende der 1940er-Jahre nicht die geniale Idee zu seinen stapelbaren Spielklötzen aus Kunststoff gehabt, wäre Billund vermutlich noch immer ein jütländisches Dorf – und ohne die Amsterdamer Grachtenwelt Legolands.

Die Sammlung des Koldinger Museums Trapholt widmet sich vor allem der Entwicklung des dänischen Möbeldesigns vom Beginn des 20. Jahrhunderts bis zur Gegenwart.

ALT UND NEU IN REICHWEITE

Kein Wunder, dass diese gelassene Weltoffenheit auch dem Dänemarkurlauber auf Schritt und Tritt begegnet! Hinzu kommt die kontrastreiche Natur, die den Süden Jütlands bestimmt. Während die Ostsee sich mild gibt und kinderfreundliche Strände in großer Zahl besitzt, wirken die Kräfte der Natur, wirken Meer, Wind und Jahreszeiten an der Nordsee rauer, kraftvoller und ungebändigter.

In Jütlands Westen wechseln sich idyllische Städtchen und Dörfer – darunter mit Ribe die älteste und mit Esbjerg die jüngste Stadt des Landes – mit einigen der breitesten Strände Europas auf den Urlaubsinseln Rømø und Fanø ab – Inbegriff von Strandurlaub, langen Spaziergängen in sauerstoffreicher, heilsamer Meerluft und Aktivurlaub.

WELTERBE WATTENMEER

Vor den Toren von Esbjerg liegt eine der jüngsten UNESCO-Welterbestätten Dänemarks: Seit 2014 gehört das Wattenmeer zu dieser illustren Liste. Von der Mündung des Flusses Varde Å nördlich von Esbjerg erstreckt es sich die Nordseeküste entlang über Fanø und Rømø bis zur deutschen Grenze und von dort weiter über die deutsche Küste bis nach Den Helder in den Niederlanden. Insgesamt besitzt das größte Wattenmeer der Erde eine Fläche von rund 9000 Quadratkilometern; gut 1000 Quadratkilometer davon gehören zu Dänemark.

Typisch für das Wattenmeer sind die Gezeiten. Bei Ebbe werden bis zu einer Milliarde Kubikmeter Wasser hinausgezogen, und nach gut sechs Stunden steht das Wasser dann wieder bis zu zwei Meter höher an der dänischen Küste. Wetter- und Windverhältnisse beeinflussen die Gezeiten stark – vor einem Ausflug ins Watt sollte man Ortskundige immer nach der aktuellen Gezeitenvorhersage fragen. Zu jeder Jahreszeit und bei fast jedem Wetter garantiert eine Wattwanderung Erlebnisse, die kein anderer Naturraum bieten kann.

Austernsafari

NATURTOUR MIT GENUSSFAKTOR

Eine Austernsafari im dänischen Wattenmeer gehört zu den außergewöhnlichen Natur- und Gourmetvergnügen an der Nordseeküste – auch oder gerade in der kalten Jahreszeit.

Austern frisch aus der Schale geschlürft – für viele ein Genuss

Ein Wintermorgen an der dänischen Westküste, kurz vor acht Uhr am Wattenmeercenter in Vester Vedsted. Die Dämmerung ist nur zu ahnen. Es ist kalt, vielleicht ein, zwei Grad über null. Kein Tag für Abenteuer.

Der frühen Uhrzeit zum Trotz haben sich Naturfreunde eingefunden, um eine der sensibelsten Naturlandschaften der Welt zu entdecken – das Wattenmeer. Begrüßt werden sie von Klaus Melbye, dem Leiter des Natur- und Ausstellungscenters. Der Ranger führt kurz durch die Ausstellung „Wattenmeer, Marsch und Menschen". Sie macht erlebbar, wie empfindlich die Biosphäre auf Veränderungen reagiert, wie die Gezeiten arbeiten und Deiche schützen, welche Kraft eine Sturmflut hat und wie Zugvögel, Seehunde und andere Tiere leben.

Passend gekleidet auf Austernsafari mit Klaus Melbye

Dann wird es ernst. „Hier ist eure Arbeitskleidung." Klaus Melbye zeigt auf eine beeindruckende Auswahl an Wathosen in allen (Schuh-)Größen. Keine Designermode, aber praktisch und vor allem wasserdicht. Dann geht es hinaus. „Das Wichtigste ist, sich die Kräfte einzuteilen", warnt der erfahrene Guide. Und tatsächlich: Fallen die ersten Schritte im quietschenden Schlick noch leicht, machen sich schon nach einigen Hundert Metern die Beinmuskeln bemerkbar. Melbyes GPS-Navigation weist an Prielen und Untiefen vorbei den Weg zu den gut zwei Kilometer vor dem Ufer liegenden Austernbänken. Unterwegs macht der studierte Landwirt regelmäßig Pausen, um auf Besonderheiten hinzuweisen.

SALZIGES VERGNÜGEN

Sein Thema aber sind die Austern. „Die Austern bei uns im Wattenmeer sind eigentlich Immigranten", sagt Melbye. In den 1960er- und 1980er-Jahren seien die Schalentiere zu Zuchtzwecken vom Stillen Ozean eingeführt worden. Dass sich die Austern vermehren würden, habe niemand erwartet. Melbye: „Eigentlich ist die Nordsee für ihre Fortpflanzung zu kalt." Doch dank Klimawandel, steigender Nordsee-Temperatur – Austern brauchen fünf Wochen lang 20 Grad warmes Wasser zur Vermehrung – und fehlender Feinde leben allein im dänischen Wattenmeer etwa 12 000 Tonnen Austern.

Nach etwa einer Stunde ist das Ziel erreicht: eine Muschelbank. Austern, so weit das Auge reicht, mal einzeln, mal zusammengewachsen! Im Durchschnitt sind sie etwa handgroß. Außerdem finden sich kleinere Miesmuscheln. „Austern brauchen festen Untergrund, um zu wachsen. Dazu docken sie sich an die Miesmuscheln an." Melbye greift eine Auster und öffnet sie mit seinem Messer, löst das Fleisch und schlürft den Inhalt roh. Da will die Gruppe nicht nachstehen. Das Mundgefühl? Stark salzig, ein bisschen zäh, aber frisch und intensiv. Muschel eben. Wenig später geht es zurück, die Flut steigt. Der unchristlich frühe Tourstart hatte seinen Grund. Auch der Nebel scheint jetzt dichter. Doch auf GPS und Naturkenner Klaus Melbye ist Verlass. Und wieder am Wattenmeercenter angelangt, steht der wärmende Kakao auf der Genussskala jetzt deutlich höher als jede Auster.

Informationen

Austernsafaris und andere **Naturführungen** im Wattenmeer veranstalten:
Vadehavscentret, Okholmvej 5, Vester Vedsted, Ribe, Tel. 75 44 61 61, www.vadehavscentret.dk
Fanø Turistbureau, Skolevej 5–7, Nordby, Fanø, Tel. 70 26 42 00, www.visitfanoe.dk
Strandskaden, Dagmarsvej 10, Fanø, Tel. 30 20 25 43, www.strandskaden.dk
Sort Safari, Slotsgaden 19, Møgeltønder, Tønder, Tel. 73 72 64 00, www.sortsafari.dk

Weiteres über den **Nationalpark** auf https://de.nationalparkvadehavet.dk und www.danmarksnationalparker.dk

Hobro
Randers
Mariager
Viborg
Skive
Struer
Lemvig
Thyholm
Nissum Bredning
Harboøre
Holstebro
Herning
Ikast
Silkeborg
Aarhus
Skanderborg
Ringkøbing
Ringkøbing Fjord
Holmsland Klit
Horsens
Vejle
Billund
Legoland
Lalandia
Fredericia
Middelfart
Kolding
Odense
Esbjerg
Fanø
Varde
Ribe
Mandø
Rømø
Nationalpark Vadehavet
Haderslev
Christiansfeld
Aabenraa
Sønderborg
Als
Tønder
Flensburg
Harrislee
Sylt
Westerland
Keitum
Föhr
Niebüll
Nationalpark
Lister Ley
Rotes Kliff
Nordsee-Aquarium
Nordfriesische Inseln
Nordfriesiske øer
Fanø Bugt
Midtjylland
Syddanmark
Fyn
Lillebælt
Flensburger Förde
Aarhus Bugt
Samsø
Ærø
Assens
Faaborg
Tipperne
Grindsted
Give
Jelling
Brande
Skjern
Tarm
Ølgod
Vejen
Rødding
Gram
Løgumkloster
Padborg
Gråsten
Nordborg
Kalø Vig
Mossø
Himmelbjerget
1
2
3
4
5
6
7
8
Maßstab 1:800.000
0
10km

AM EINGANG ZU DÄNEMARK

Gleich hinter Flensburg beginnt Dänemarks Urlaubswelt, die für jeden etwas bereithält: Wattenmeerinseln, schier endlose Sandstrände samt bisweilen ruppiger Nordseebrandung, ein waldreiches Binnenland, in dem eine eigene kleine Welt aus Legosteinen wartet, und geschichtsträchtige Städte auf der Ostseeseite.

1 Sønderborg

Die Kultur- und Universitätsstadt (28 000 Einw., dt. Sonderburg) besitzt mit dem neuen Kulturcenter Alsion überregionale Strahlkraft. Die Hauptstadt der Insel Als liegt zu beiden Seiten des Alssunds. Als Hafenstadt besaß der Ort strategische Bedeutung.

SEHENSWERT

Sønderborgs auch militärischen Wert zeigt das **Renaissanceschloss** (12.–16. Jh.), heute Museum u. a. zur Geschichte Südjütlands, zur Wiedervereinigung 1920 und zur Kulturgeschichte (Sønderbro 1, https://msj.dk/de; Juni–Sept. tgl. 10.00–17.00, April, Mai und Okt. Di.–So. 10.00 bis 16.00, sonst Di.–So. 13.00–16.00 Uhr). Das Geschichtsmuseum **Dybbøl Banke** erinnert an ein nationales Trauma: Hier verloren die dänischen Truppen im Deutsch-Dänischen Krieg 1864 gegen die Preußen (Dybbøl Banke 16, www.1864.dk; April–Okt. tgl. 10.00–17.00 Uhr).

HOTELS UND RESTAURANTS

Auf Nordals verspricht das ruhig gelegene **€ € € Dyvig Badehotel** Hafenatmosphäre (Dyvigvej 31, DK-6430 Nordborg, Tel. 73 16 43 00, www.dyvigbadehotel.dk). Idyllisch am Als Fjord liegt der historische **€ € Ballebro Færgekro** (Færgevej 5, DK-6400 Sønderborg, Tel. 74 46 13 03, www.ballebro.dk). Sønderborgs besten Ausblick hat man vom **€ € € / € € Steigenberger Hotel Alsik & Spa** mit seinen 19 Etagen (Nørre Havnegade 21–25, DK-6400 Sønderborg, Tel. 74 20 30 00, www.alsik-hotel.com/de).

UMGEBUNG

Gråsten (18 km westl.; um 1700) ist Sommersitz der dänischen Königsfamilie. Öffentlich zugänglich ist nur der Park.

INFORMATION

Sønderborg Turistbureau, Perlegade 50, DK-6400 Sønderborg, Tel. 74 42 35 55, www.visitsonderborg.com

2 Tønder

Vor 350 Jahren noch am Meer gelegen, galt die frühere Hansestadt (dt. Tondern; 7600 Einw.) bis ins 19. Jh. als eines der europäischen Zentren der Spitzenklöppelei.

SEHENSWERT

Der 48 m hohe Turm der **Christuskirche** (16. Jh.) ist teils offen, um dem Westwind weniger Angriffsfläche zu bieten. Kitsch oder Kunst? In der **Alten Apotheke** findet man beides, ein Apothekenmuseum – und ganzjährig dänische Weihnachtsdekoration (Det Gamle Apotek, Østergade 1, www.det-gamle-apotek.dk; Mo. bis Fr. 10.00–17.30, Sa. 10.00–16.00 Uhr).

MUSEEN

Kunst, Design und Möbeldesign zeigt das **Kunstmuseum Tønder** (Kongevej 51,https://msj.dk/de/kunstmuseum-tondern; Juni–Aug. tgl. 10.00–17.00, sonst Di.–So. 10.00–17.00 Uhr). Im **Drøhses Hus** von 1672 dreht sich alles ums Klöppeln (Storegade 14; Ende März bis Dez. Mo.–Fr. 11.00–17.00 Uhr).

UMGEBUNG

Schloss Schackenborg in **Møgeltønder** (6 km westl.) ist Zweitwohnsitz Prinz Joachim und seine Familie (Führungen; www.schackenborg.dk). Königlich speisen und nächtigen lässt es sich im **€ € € / € € Schackenborg Slotskro** (Slotsgade 42, Møgeltønder, DK-6270 Tønder, Tel. 74 73 83 83, www.slotskro.dk).

INFORMATION

Tønder Infocenter, Storegade 2–4, DK-6270 Tønder, Tel. 73 70 96 50, www.visittonder.dk

3 Rømø

Die 128 km² große Urlaubs- und Wattenmeerinsel (650 Einw.) ist seit 1948 durch einen 9,2 km langen Damm mit dem Festland verbunden. Bei Lakolk und am Sønderstrand darf teils Auto gefahren werden. Vor allem aber sind die **Strände TOPZIEL** ein Dorado für Sommerbadegäste und Aktivsportler (s. auch S. 56). Beim Drachenfestival stehen am Himmel über dem Strand Tausende Lenkdrachen (Sept.).

SEHENSWERT

An Rømøs Zeit als Insel der Walfänger, die vor rund 150 Jahren zu Ende ging, erinnert das einstige Kapitänshaus **Kommandørgården** (Juvrevej 60, Toftum, https://natmus.dk/museer-og-slotte/kommandoergaarden; Mai–Sept. Di. bis So. 10.00–17.00, Okt. Di.–So. 10.00–15.00 Uhr). Das **Tønnisgård Naturcenter** erläutert die Natur des Watts und bietet u. a. Touren an (Havnebyvej 30, www.tonnisgaard.dk; März–Okt. Mo. bis Fr. 10.00–16.00, Juli und Aug. So.–Fr. 10.00 bis 16.00, sonst Mo.–Mi. 10.00–15.00 Uhr).

Typisches Reetdach-Landhaus auf Rømø (oben); Dybbøl Banke in Sønderborg (unten)

HOTELS

Das **€ € € Hotel Kommandørgården** gehört zu Dänemarks bekanntesten Adressen (Havnebyvej 201, DK-6792 Rømø, Tel. 74 75 51 22, www.kommandoergaarden.dk).

INFORMATION

Rømø Turistbureau og Infocenter, Juvrevej 6, DK-6792 Rømø, Tel. 73 70 96 50, www.romo.dk

4 Ribe

Dänemarks älteste Stadt (8500 Einw.) lag am Meer, ehe der Hafen im 17. Jh. versandete und Ribes Bedeutung schwand. Nach einem Brand

1580 weitgehend neu erbaut, wirken Fachwerkhäuser und Kopfsteingassen rund um den 900-jährigen Dom wie ein Puppenstubenidyll.

SEHENSWERT
Den schönsten Blick auf **Altstadt TOPZIEL** und Marsch hat man vom **Domturm** (Torvet, www.ribe-domkirke.dk; Juli und Aug. 10.00–17.30 Uhr, sonst kürzer). Stadtgeschichte und Wikingerzeit werden im **Museet Ribes Vikinger** lebendig (Odins Plads 1, www.ribesvikinger.dk; März bis Okt. tgl. 10.00–16.00, Juli und Aug. länger, sonst Di.–So. 10.00–16.00 Uhr). Im **Ribe VikingeCenter** taucht man in die Zeit ein (Lustrupvej 4, Lustrupholm, www.ribevikingecenter.dk/de; Juli und Aug. tgl. 11.00–17.00, Mai, Juni und Sept. bis Mitte Okt. 10.00–15.30 Uhr). Das **Ribe Kunstmuseum** zeigt Kunst des 18.–20. Jhs. (Skt. Nicolaigade 10, www.ribekunstmuseum.dk; Juli, Aug. tgl. 11.00–17.00, sonst Di.–So. 11.00–16.00 Uhr).

HOTELS UND RESTAURANTS
Das **€ € € Hotel Dagmar** eröffnete 1581 und ist das älteste im Königreich (Torvet 1, DK-6760 Ribe, Tel. 75 42 00 33, www.hoteldagmar.dk). **Weis Stue** ist einer der ältesten Gasthöfe des Landes (Torvet 2, Tel. 75 42 07 00, www.weis-stue.dk).

INFORMATION
Visit Ribe, Torvet 3, DK-6760 Ribe,
Tel. 75 42 15 00, www.visitribeesbjerg.com

5 Esbjerg

Dänemarks jüngste Stadt (72 000 Einw.) besitzt den größten Hafen an der Westküste. Wahrzeichen sind die vier 9 m hohen sitzenden „Menschen am Meer" von Svend Wiig Hansen.

Tipp

Vestkystens Gårdbutik

Als andere noch von Regionalität und Einkauf beim „Fleischer meines Vertrauens" redeten, hat Dorthe Fjord Tarbensen schon gehandelt. Die Dänin lebt mit ihrem Mann auf einem 500 Jahre alten Bauernhof in Houvig nahe der Nordsee. Ihre Leidenschaft sind Charolais-Rinder, von denen etwa 300 auf den salzigen Weiden in der Nähe grasen. In ihrem Hofladen, der Vestkystens Gårdbutik, sind neben Rindfleisch und -wurst im Café auch Kuchen, Eis und Marmelade zu finden – alles selbst hergestellt. Unwiderstehlich!

INFORMATION
Vestkystens Gårdbutik, Houvig Klitvej 77, Houvig (ca. 5 km nördl. des Ferienorts Søndervig), Tel. 97 33 15 99; tgl. 10.00–17.00 Uhr

In Koldings Altstadt (oben); „Wikinger" beim Bogenschießen im Ribe VikingeCenter (rechts)

SEHENSWERT
Das **Fischerei- und Seefahrtsmuseum** informiert nicht nur über maritime Geschichte, im Aquarium leben Fische und Robben aus der nahen Nordsee (Terphagevej 2, www.fimus.dk; Juli–Aug. tgl. 10.00–18.00 Uhr, sonst kürzer).

HOTELS UND RESTAURANTS
Das **€ € € / € € Hjerting Badehotel** ist eines der klassischen Badehotels am Meer; mit Restaurant (Strandpromenaden 1, DK-6710 Esbjerg V, Tel. 75 11 70 00, www.hjertingbadehotel.dk).

UMGEBUNG
Die Strände von **Blåvand** (40 km nordwestl.) und **Vejers** (34 km nordwestl.) gehören zu den schönsten im Land (s. auch S. 56). Blåvands Museum **Tirpitz** informiert mitten in den Dünen auch in einem früheren Bunker zur Zweite-Weltkriegs-Befestigung Atlantikwall, zum harten Leben an der Nordsee sowie zu Bernstein, dem „Gold des Meeres" (Tirpitzvej 1, Tel. 72 10 84 85, www.tirpitz.dk; Juli–Mitte Aug. 9.00–19.00 Uhr, sonst tgl. 10.00–17.00 Uhr). Sieben Fährminuten sind es von Esbjerg zur Urlaubsinsel **Fanø** (www.fanoelinjen.dk). Das International Kite Flyers Meeting ist Europas größtes Drachenfestival (Mitte/Ende Juni; www.kitefliersmeetingfanoe.de). Zu den Fannikertagen trägt man Tracht (Mitte Juli; www.fannikerdagen.dk).

INFORMATION
VisitEsbjerg – Esbjerg Turistbureau, Skolegade 33, DK-6700 Esbjerg, Tel. 75 12 55 99, www.visitribeesbjerg.com; Visit Fanø, Skolevej 5–7, Nordby, DK-6720 Fanø, Tel. 70 26 42 00, www.visitfanoe.dk

6 Hvide Sande

Der windumtoste Fischereiort (3000 Einw.) entwickelte sich seit dem Bau der Schleuse zwischen Nordsee und Ringkøbing Fjord 1931. Heute prägen Wassersportler das Bild.

SEHENSWERT
Das **Museum Fiskeriets Hus – Vestkyst Akvariet** informiert über das Leben am und auf dem Meer; im kleinen Aquarium leben Fische aus Nordsee und Fjord (Nørregade 2B, www.fiskerietshus.dk; April–Okt. Mo.–So. 10.00 bis 17.00, sonst Mo.–So. 10.00–16.00 Uhr).

AKTIVITÄTEN
Sportangler aus ganz Europa treffen sich Ende April zum **Sildefestival**, der „Weltmeisterschaft" im Heringsangeln (www.hvidesande.dk/hvide-sande/planlaeg-din-tur/sildefestival-2020-gdk1108693). Die Küste ist toll für Windsurfer – ruhiger ist es auf dem Ringkøbing Fjord.

RESTAURANTS
Hafenblick und Meeresfrüchte bietet das **€ € / € Under Broen** in Hvide Sande (Toldbodgade 20, Tel. 97 31 30 40, www.underbroen.dk).

UMGEBUNG
Ringkøbing ist als älteste Stadt der Region so etwas wie ihre „kleine Hauptstadt". Marktplatz, Kopfsteinpflaster und der Hafen machen den Ort reizvoll. Neues Highlight für Familien ist seit Sommer 2020 **Naturkraft**. Das Naturerlebniscenter vermittelt Wissen zu den Kräften, die die Region formen. Im Zentrum stehen drei Kugeln, in denen Besucher die Sphären zwischen Erde und Himmel mit allen Sinnen erleben (Vester Kær 16, DK-6950 Ringkøbing, www.naturkraft.dk; Sommer tgl. 9.30–18.00 Uhr, sonst kürzer).

INFORMATION
Hvide Sande Turistservicekontor, Kirkevej 4, 6960 Hvide Sande, Tel. 70 22 70 01, www.hvidesande.dk

7 Billund

Billund (6200 Einw.) ist Sitz des Lego-Konzerns und des beliebten Familienparks Legoland.

LEGOLAND BILLUND RESORT
Eröffnet 1968, entstand um die Nachbauten berühmter Gebäude und Stätten aus aller Welt der Familienpark mit mehr als 50 Attraktionen (www.legoland.dk; Kernzeit Ende März–Anf. Nov. nahezu tgl. 10.00–18.00 Uhr, im Sommer länger). Heute ist das Legoland Billund Resort mit dem **Hotel Legoland** (www.hotellegoland.dk), dem Feriencenter **Lalandia** mit Aquadome und Ferienhäusern (www.lalandia.dk), dem **Givskud Zoo** (27 km nordöstl., Løveparkvej 3, Give, www.givskudzoo.dk; Mitte April–Mitte Aug. tgl. 10.00–17.00/18.00 Uhr, Juli–Mitte Aug. länger) eines der beliebtesten Reiseziele Skandinaviens (www.legolandbillundresort.dk). Ein Höhepunkt für Familien ist das **LEGO House** (Ole Kirks Plads 1, www.legohouse.dk; tgl. 10.00–16.00, Sommer tgl. 10.00–20.00 Uhr).

UMGEBUNG
Die beiden Runensteine (um 950 bzw. 965) vor der Kirche von **Jelling** (27 km nordöstl.) gelten als frühestes Zeugnis des dänischen Königreichs und gehören zum UNESCO-Welterbe. Das moderne Erlebnismuseum **Kongernes Jelling** entführt Besucher auf eine interaktive Zeitreise (Gormsgade 23, Jelling, https://en.natmus.dk/museums-and-palaces/kongernes-jelling-home-of-the-viking-kings; Juni–Aug. tgl. 10.00–17.00, sonst Di.–So. 10.00–17.00 Uhr).
In der Verwaltungsstadt **Vejle** (55 000 Einw.) macht das Kulturmuseet Spinderihallerne dänische Geschichte im Wortsinn fassbar (Spinderigade 11, www.vejlemuseerne.dk; Di. bis So. 10.00–17.00 Uhr).

INFORMATION
VisitBillund – Billund Centret, Hans Jensensvej 6, DK-7190 Billund, Tel. 79 72 72 99, www.visitbillund.dk

8 Kolding

Kolding (60 500 Einw.) gehört wie Aabenraa (Apenrade) und Haderslev (Hadersleben) zu Ostjütlands historischen Handels- und Hafenstädten. Das Schloss (13. Jh.), 1808 durch Feuer zerstört, ist wiederaufgebaut heute Museum. Bedeutung gewann Kolding nach 1864, als es eine Zeit lang deutsch-dänische Grenzstadt war.

MUSEEN
Das **Kunstmuseum Trapholt TOPZIEL** zeigt Kunst, Kunsthandwerk, Design und Möbeldesign; Highlight ist das Ferienhaus der Designikone Arne Jacobsen (Æblehaven 23, www.trapholt.dk; Di.–So. 10.00–17.00, Mi. 10.00–21.00 Uhr). **Schloss Koldinghus** bietet Kunst von der Renaissance bis heute (Mardannersgade 11, www.koldinghus.dk; tgl. 10.00–17.00 Uhr).

UMGEBUNG
Christiansfeld (20 km südl.) zählt wegen seiner Geschichte zum UNESCO-Welterbe, entstanden ab 1773, nachdem König Christian VII. evangelische Herrnhuter ins Land gerufen hatte (Brødremenighedens Museum, Nørregade 14, https://christiansfeldcentret.dk; tgl. 10.00–16.00/17.00 Uhr). Ihren berühmten Honigkuchen gibt es bei Brødremenighedens Honningkagebageri (Lindegade 36).
In **Haderslev** (33 km südl.) mit gotischem Dom (15. Jh.) locken die Sammlung aus Tonarbeiten von 1500 bis 1900, Ehlers Lertøjssamling, und das kulturgeschichtliche Haderslev Museum (Slotsgade 20 bzw. 22, www.museum-sonderjylland.dk; Juni–Dez. Di.–So. 12.00–16.00 Uhr). Das Museum **Kulturhistorie Aabenraa** erinnert an Zeiten, als der Asienhandel Wohlstand brachte (56 km südl.; H. P. Hanssens Gade 33, www.museum-sonderjylland.dk; Juni–Aug. Di. bis So. 11.00–16.00, sonst Di.–So. 13.00–16.00 Uhr).

INFORMATION
Visit Kolding, Infopoint Kolding Bibliotekket, Slotssøvejen 4, Tel. 76 33 21 11, www.visit kolding.dk

JA NATÜR LICH

NEUE WEGE IN DER TØNDERMARSCH

Dänemark ist wanderbar: Zu den beliebtesten Fernwanderwegen zählt der internationale North Sea Trail – die Route führt als Nordøstien über etwa 1500 Kilometer küstennah durch Dänemark. Die meisten Wanderer entscheiden sich aber für den historischen, 280 Kilometer langen Heer- oder Ochsenweg von Viborg nach Padborg oder für den Gendarmenpfad: Über gut 70 Kilometer folgt dieser den alten Wegen der dänisch-deutschen Grenze. Besonders schön ist der Gendarmenpfad am Flenborg Fjord, der Flensburger Förde, zwischen Kruså und Sønderborg.

Die alte Mühle in Højer ist heute Museum zur regionalen Natur- und Kulturgeschichte.

Mein Wanderplan für die nächste Zukunft steht auch schon fest: der neue Marschpfad in Südjütland. Als Rundwanderweg verläuft der Marskstien genannte Weg über 54 Kilometer durch offene Marschlandschaft und vorbei an Binnenseen, Flüssen und Kanälen bis hin zur Nordsee. Die Tøndermarsch zwischen deutsch-dänischer Grenze und dem Wattenmeer haben Generationen von Bauern dem Meer über Jahrhunderte mithilfe von Deichen, Kanälen und Warften abgerungen. Highlights an der Route sind Städtchen wie Tønder (Tondern), Møgeltønder mit dem berühmten Schloss Schackenborg, Rudbøl und Højer.

Unterwegs warten Eindrücke, die nur Wanderern vorbehalten sind: Als Hobby-Birdwatcher freue ich mich besonders darauf, mich den Tausenden Zugvögeln hier ungestört nähern zu können, die in Frühjahr und Herbst in der Marsch einen Zwischenstopp einlegen.

Zentrales Infocenter zum Marschland und zum Marskstien ist die 1857 erbaute Mühle im kleinen Højer. Eine Ausstellung bietet Einblicke in die Entstehung des wertvollen Kultur- und Naturraums und seine große Bedeutung als Vogelschutzgebiet (Møllegade 13, DK-6280 Højer, Tel. 65 37 08 04, https://msj.dk/hoejer-moelle).

Infos zum Wanderweg Marskstien: https://toendermarsken.dk/de/marschpfad

Jütland · Norden

*

WO DÄNEMARK(S) SPITZE IST

*

Zwei Meere und zwei Küsten, die seit mehr als 100 Jahren Sommerurlauber ebenso wie Künstler und Wassersportler anziehen, Skagen als nördlichste Stadt im Königreich, der größte Fjord des Landes und traditionelle Küche wie Muscheln, Meersalz und Schnaps – zwischen Skagerrak und Kattegat steckt Nordjütland voller Möglichkeiten für Entdecker.

Wer die närrische Jahreszeit verlängern will, muss nach Aalborg, wo Ende Mai Karneval gefeiert wird.

Einen sonnigen Imbiss kann man in Nørre Vorupør (oben links) nehmen, wo noch die Fischerboote auf den Strand gezogen werden (oben rechts). Bei Lønstrup wandert die bis zu 70 Meter hohe Wanderdüne Rubjerg Knude langsam Richtung Westen; der 1900 eingeweihte, 23 Meter hohe Leuchtturm Rubjerg Knude Fyr wurde deshalb im Herbst 2019 in einer weltweit beachteten Rettungsaktion rund 80 Meter weit ins Landesinnere versetzt, um ihn vor dem Fall in die Nordsee zu bewahren (unten links). Klitmøller an der Jammerbucht gilt in Europas, ja der globalen Surfer- und Windsurferszene seiner perfekten Wellen wegen als „Cold Hawaii"; in und um Klitmøller finden Events wie der Cold Hawaii World Cup statt (unten rechts).

Mit zwei Füßen in zwei Meeren – Dänemarks Nordspitze Grenen ist Sehnsuchtsziel für jeden, der die Natur und ihre Kräfte liebt. Wo Nord- und Ostsee, Skagerrak und Kattegat sich unweit der Hafenstadt Skagen treffen, liegt der nördlichste Punkt Jütlands. Wellen und Wind geben der Landzunge in ihrem ständigen Wechselspiel fortwährend eine neue Form. Morgens, mittags, abends. In Frühjahr, Sommer, Herbst oder Winter. Die Strömungen rund um Grenen sind unberechenbar: Baden ist darum verboten. Doch der meist windumtoste Gang hinaus – der sich im Sommer auch durch die bequemere Fahrt mit dem Traktorbus „Sandormen", dem Sandwurm, erleichtern lässt – und das Eintauchen der nackten Füße ins immer kühle Nass allein genügen schon für bleibende Eindrücke.

AN DÄNEMARKS »NORDKAP« TREFFEN SCHÄUMEND ZWEI MEERE AUFEINANDER: SKAGERRAK UND KATTEGAT.

Wer hier aufs Meer hinausblickt, hat fast immer ein Schiff im Blick. Kein Wunder, denn das Horn Kontinentaleuropas wird Jahr für Jahr von rund 110 000 großen Schiffen passiert. Die unberechenbaren Gewässer vor Grenen, heute dank Radar und GPS sicher zu durchqueren, waren einst echte Herausforderungen für Mannschaften und Kapitäne. Vor allem bei schlechter Sicht und Nebel bildete Skagens Rev, die Untiefe vor der Halbinsel nach Norden, eine nicht selten tödliche Gefahr. 1560 wurde deshalb hier auch Dänemarks erstes Leuchtfeuer errichtet – ein Holzbalken auf einem Ständer, an dessen Ende eine Eisenschale mit Kohlen hing. Das Skagen Vippefyr bei Østerby ist ein Nachbau dieses frühen und noch ziemlich

Zum Skagens Museum gehört auch der frühere Speisesaal von Brøndums Hotel, den Porträts und Gemälde der Skagenmaler schmücken.

„Sommerabend bei Skagen" von Peder Severin Krøyer im Skagens Museum

Das Skagen Fiskerestaurant am Fiskehuskajen genießt einen hervorragenden Ruf, dem gern auch manche Geburtstagsgesellschaft folgt.

Das Skagen By og Egnsmuseum im P. K. Nielsens Vej erinnert an den Alltag der Fischer in Nordjütland und an das Entstehen der Seerettung, weil gerade hier so mancher Fischer und Seemann nicht von See zurückkehrte.

IN DEN LETZTEN JAHREN HAT SICH DER URLAUBSORT SKAGEN WIEDER ZUM GRÖSSTEN FISCHEREIHAFEN DÄNEMARKS ENTWICKELT. MEHR ALS EIN VIERTEL DES DÄNISCHEN FISCHS WIRD HIER ANGELANDET UND VERARBEITET.

uneffektiven Seezeichens. Es folgte 1748 das 20 Meter hohe Hvide Fyr, Skagens erster echter Leuchtturm. Genau 46 Meter hoch ist das 1858 eingeweihte Grå Fyr, das seinen Namen nach dem grauen Äußeren hat. Mehr als 200 Stufen sind es hinauf – die Anstrengung wird belohnt mit herrlichen Ausblicken auf die gelben Häuser von Skagen, auf den Hafen, Grenen und die Meere. Als Erlebniscenter für Zugvögel ist Grå Fyr heute auch ein Hotspot für Vogelbeobachter.

EIN LICHT FÜR KÜNSTLER

Das Meer zu beiden Seiten, sein besonderes, stimmungsvolles Licht und nicht zuletzt die zahlreichen authentischen Motive der Hafenstadt mit ihren Fischern, Handwerkern und einfachen, noch heute als wortkarg geltenden Menschen zogen schon vor mehr als 100 Jahren erste „Touristen“ nach Skagen: Maler aus allen Teilen des Königreichs. Künstler wie Peder Severin Krøyer (1851–1909), Michael Ancher (1849–1927) und Holger Drachmann (1846–1908) machten das unbekannte Skagen zu einem internationalen Künstlertreff, an dem auch viele Norweger und Schweden leben und arbeiten wollten. Sie alle vereinte der Wunsch, die bis dahin üblichen Großstadtateliers zu verlassen und unter nordischem Himmel kreativ zu sein. Bis weit ins 20. Jahrhundert hinein entwickelte sich das abgelegene Skagen so zu einem Gegenpol zur Hauptstadt Kopenhagen mit seiner stilbestimmenden Kunstakademie.

Mittelpunkt des kreativen Lebens war das Hotel von Erik und Ane Brøndum, in dessen Garten legendäre Feste der Bohèmiens stattfanden – bis heute festgehalten auf Gemälden des Dichtermalers Holger Drachmann. Und wie es eben so kommt – die Brøndum-Tochter Anna verliebte sich in den Bornholmer Michael Ancher. Die ausgebildete Malerin blieb die einzige Einheimische, die in den Kreis der Künstler aufgenommen wurde und später Weltruhm erlangte. Wie andere, die zur Skagener Künstlerszene gehörten, findet sich auch Anna Ancher auf mehreren Hauptwerken verewigt, etwa auf dem millionenfach vervielfältigten Gemälde „Sommeraften på Skagen Sønderstrand“ des gebürtigen Norwegers Krøyer, das Ancher und Krøyers Frau Marie im weichen Licht eines Sommerabends am Meer festhält.

Etwas von der damaligen Stimmung lässt sich noch heute nachempfinden: beim Besuch im Skagens Museum, das viele Hauptwerke der Skagenmaler zeigt, im einstigen Wohnhaus der Anchers, bei einem Kaffee in „Brøndums Hotel“ oder auf einer Veranstaltung wie dem Drachmann-Literaturfestival.

Strikter Naturschutz gilt an Samsøs Stavns Fjord (oben links). In der Læsøer Salzsiederei wird mit alten Techniken feines Salz gesiedet (oben rechts). Samsø-Stimmung im Inseldorf Nordby (unten links). Nur auf Samsø in Dänemark kann man mit Pferd und Planwagen Urlaub machen – ein herrliches Erlebnis vor allem für Familien (unten rechts).

EIN HAUCH VON FRÜHER

„Brøndums Hotel" gehört bis heute zu den klassischen dänischen Badehotels, in denen Gäste Geschichte, Tradition und Kultur spüren können. Sommerstimmung und kreative Atmosphäre gibt es beim Aufenthalt im berühmten Haus als kostenlosen Mehrwert zum Zimmer dazu. Denn neben den Skagenmalern suchte mit Karen Blixen auch die bekannteste Autorin des Landes in der Abgeschiedenheit des Nordens Ruhe und Konzentration, um Mitte der 1930er-Jahre ihren Roman „Jenseits von Afrika" zu schreiben.

Wie das „Brøndums Hotel" haben auch andere Badehotels im Königreich Zeitenstürme und Wandel der Reisegewohnheiten überstanden. Darunter das „Hjerting Badehotel" nördlich von Esbjerg, in dem sich Gäste wie zu Zeiten der aufkommenden Badekultur vor 100 Jahren fühlen und verwöhnen lassen können, oder das „Gilleleje Badehotel" aus der Ära um 1900, das sich 30 Meter über dem Meer am nördlichsten Punkt Seelands erhebt.

NOCH GIBT ES SIE, DIE TRADITIONELLEN BADEHOTELS FÜR DIE DÄNISCHE SOMMERFRISCHE.

Ein weiteres Beispiel ist das „Stammershalle Badehotel" auf Bornholm. Das mehr als 100 Jahre alte Fachwerkhaus liegt an der Ostküste unweit von Gudhjem, auf sicheren Granit gebaut an der einzigen Felsküste des Landes – mit weitem Blick aufs Meer. Alte Holzböden und eine historisch-idyllische Einrichtung verbreiten einen nostalgischen Charme. Gegründet wurde das Hotel 1911 von einem Berliner Kaufmann, der Gäste aus der deutschen Hauptstadt zur Erholung nach Bornholm lud. Die jetzigen Inhaber Henriette Lassen und Henrik Petersen haben viel vom historischen

Gemütlich wirkt Aalborgs altes Zentrum – hier in der Gasse Hjelmerstald (links). Stolz ist man in Aalborg auf das Utzon Center an der Wasserfront zum Limfjord (oben rechts). Frühschoppen in einer Musikkneipe an der Aalborger Slotsgade (unten rechts)

Ein bisschen Brasilien und ein Hauch von Venedig: Karneval in Aalborg

Es ergibt schon Sinn, dass Aalborgs Karneval im Mai gefeiert wird: So findet der Umzug oft bei schönstem Sonnenschein und Frühlingstemperaturen statt.

Ambiente bewahrt, jedoch ohne dabei die Komfortbedürfnisse der Gegenwart zu vernachlässigen.

Nicht alle Badehotels konnten den Stürmen der Zeiten trotzen: Das „Løkken Badehotel" an der Nordsee etwa beherbergt heute Ferienwohnungen statt Fremdenzimmer wie 1895, als es im Boom des aufkommenden Badetourismus eröffnet wurde – ein Tribut an den Wandel des Zeitgeschmacks.

SALZIGE ERFOLGSGESCHICHTE

Es begann als verrückte Idee des Historikers Jens Vellev und des Sozialarbeiters Poul Christensen: Bei Forschungsarbeiten fand Vellev auf Læsø 1990 Reste einer mittelalterlichen Salzsiederei. Die Kattegatinsel war von der Wikingerzeit bis zur Mitte des 17. Jahrhunderts ein Zentrum der Salzgewinnung. Das begehrteste Konservierungsmittel früherer Zeiten findet man im Süden von Læsø sozusagen als salines Grundwasser unter den flachen Salzwiesen, dessen Salzgehalt mit 15 Prozent etwa sechsmal höher ist als im Meerwasser. Archäologen konnten nicht weniger als 2000 Siedeplätze auf der lediglich 101 Quadratkilometer großen Insel nachweisen. Wasser wurde aus Brunnen geschöpft, auf Holzfeuern in Pfannen erhitzt, bis die Salzkristalle bei etwa 25 Prozent Konzentration ausfielen und anschließend an

Das Renaissance-Wasserschloss Voergård entstand Ende des 16. Jahrhunderts. Mit dem wehrhaften Bau verbinden sich diverse Legenden, es soll hier sogar immer wieder spuken.

Im Inneren spannt Voergård den Bogen von der Renaissance bis zum Klassizismus.

Junge Musikerin vor der Memphis Mansion in Randers

Die Museumsburg Spøttrup südlich der Limfjordinsel Mors geht auf das 14. Jahrhundert zurück und zählt zu den am besten erhaltenen mittelalterlichen Burgen Dänemarks.

DEN NORDEN JÜTLANDS PRÄGTE ÜBER JAHRHUNDERTE EINE ADLIGE FEUDALGESELLSCHAFT, WORAN BIS HEUTE PRÄCHTIGE SCHLOSSBAUTEN UND HERRENSITZE ERINNERN.

der Luft gekühlt und getrocknet wurden. Irgendwann aber waren Læsøs Wälder gerodet, Winterstürme und Sandflug verschütteten Häuser und ganze Dörfer. 1652 wurde das Salzsieden offiziell verboten – und erst 1991 wieder von „Salzmann" Christensen als historische Forschungs- und zugleich Arbeitsbeschaffungsmaßnahme für Jugendliche und Langzeitarbeitslose aufgenommen. „Siede-Poul", wie ihn die Bewohner von Læsø nennen, entdeckte die 800 Jahre alten, längst vergessenen Techniken neu und machte das „weiße Gold" zum Exportschlager des 21. Jahrhunderts.

Das Provisorium von einst entwickelte sich zu einer Mischung aus Touristenattraktion, lebendigem Museum und Produktionsstätte mit zwei Häusern und drei großen Pfannen, auf denen mit alter Technik pro Jahr mehr als 75 Tonnen hochwertiges Speisesalz erzeugt werden. Læsø-Salz gilt als Delikatesse in Privathaushalten und Gourmetrestaurants mit einem der teuersten Kilogrammpreise der Welt: „Aber unser Salz ist sein Geld wert, denn viele halten es für das beste der Welt. Bei uns ist alles Handarbeit und kein Schritt automatisiert. Hinzu kommt: Die Qualität stimmt", sagt Poul Christensen selbstbewusst. Dass Læsøs Salz auch eine heilende und entspannende Wirkung hat, können Wellnessfreunde seit einigen Jahren in der Einrichtung „Læsø Kur" im Hafenort Vesterø am eigenen Leib erfahren.

EIN FJORD, DER TRENNT UND EINT

Dass Dänemarks nördlichste Regionen Vendsyssel und Thy vom kontinentalen Jütland im Süden getrennt sind, bemerkt man dank Brücken und Tunneln nur noch an wenigen Stellen. Doch tatsächlich durchschneidet der Limfjord das Land von Nord- zu Ostsee einmal quer. Bekannt und beliebt ist die 1700 Quadratkilometer große Wasserfläche besonders bei Wassersportlern: Buchten und Windverhältnisse bieten fast das ganze Jahr über beste Bedingungen zum Segeln und Surfen. Und das geschützt vom offenen Meer – anders als im nahen Surfer-Hotspot Klitmøller an der Jammerbucht, wo Windsurfing selbst Profis nicht selten vor Herausforderungen stellt!

Hügelige Ufer, malerische Häfen, abgelegene Sandstrände und Orte wie Nibe, Thisted, Skive, Struer, Lemvig und Løgstør machen den Limfjord zu einem stillen Urlaubsziel für Genießer. Die kommen auch auf den Food-Festivals der Region auf ihre Kosten. Der Limfjord ist nämlich ein Muschel- und Austernland. In den kalten Gewässern werden die nördlichsten Blaumuscheln der Welt ge-

Eine bunte Restaurant- und Cafészene und auch Nachtleben haben sich am Åboulevard angesiedelt. Von hier blicken die Flaneure auf den namengebenden Fluss Aarhus Å, der in den letzten Jahren wieder aus seiner Untertunnelung befreit wurde.

Dänemark hat ein großes Herz für Oldtime-Jazz – auch in der Altstadt von Aarhus.

Eisberg nennt sich das neue Aarhus am einstigen Industriehafen am Kattegat (oben). Auch der frühere Güterbahnhof wurde zu einem kulturellen Ort: Café im Kulturzentrum Godsbanen (unten links). Kulturelles Aushängeschild von Aarhus ist das Kunstmuseum ARoS (unten rechts).

erntet. „Muschelhauptstädte" sind Nykøbing Mors und Løgstør, wo alljährlich im Juli ein Muschelfestival und Ende August die „Dänische Meisterschaft im Austernöffnen" stattfindet. Wer statt Meeresfrüchten eher flüssige Genüsse sucht, kann sich auf der „Schnapsroute" auf die Spuren der regionalen Brandweintradition begeben und rund um den Limfjord nicht nur Zutaten wie Beeren und Kräuter, sondern auch Schlösser und Herrensitze, Kros und alte Klöster kennenlernen.

Das berühmteste Getränk der Region wird übrigens seit Längerem nicht mehr in Nordjütland hergestellt: Der Aalborg Akvavit, der Jubilæumsakvavit und andere Schnäpse mit dem Städtenamen Aalborg auf ihrem Etikett kommen heute aus Norwegen. Die Universitätsstadt Aalborg aber hat die Chance ergriffen, einstige Industrieareale wie die Hafenfront am Limfjord für neue Architektur zu nutzen und Perspektiven für Kultur, Wohnen und Dienstleistung zu schaffen. Damit liegt Aalborg im landesweiten Städtetrend, die eigene Wasserlage neu zu entdecken – mit teils sehenswerten Gebäuden wie dem Utzon Center oder dem neuen Musikhaus. Auch in Aarhus, der europäischen Kulturhauptstadt des Jahres 2017, gibt es städtebauliche Hingucker in Wassernähe wie Isbjerget (Eisberg) und die Bibliothek Dokk 1.

Strände

EIN LAND, ZWEI MEERE, HUNDERTE STRÄNDE

Man muss kein Strandfan sein, um im ältesten Königreich Europas herrlich zu stranden! Wer hier nicht „seinen" Strand findet, wird nirgends fündig – so groß ist Dänemarks Vielfalt an Küsten, Stränden und Dünen. Und egal, wo im Land man sich befindet – weiter als 52 Kilometer ist man nie vom Meer entfernt.

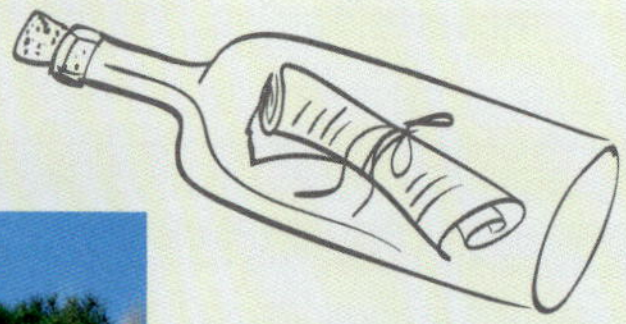

1 Sønderstrand & Lakolk Strand

Dänemarks größte Nordseeinsel lockt mit dem breitesten Strand Europas: Zwischen Sønderstrand an der Südspitze und Lakolk Strand im Norden ist Rømøs rund 20 Kilometer lange Westküste bis zu sechs Kilometer breit und bietet genug Platz für rasante Sportarten wie Strandsegeln und Kitebuggyfahren, Kitesurfen oder Reiten. Weite autofreie Partien sind aber auch bei Familien mit Kindern populär. Schließlich gibt es hier Sand satt – und vor allem am Sønderstrand ein flaches Meer, in dem auch Kleinkinder baden können. Die Blaue Flagge signalisiert ungetrübtes Badevergnügen!

2 Blåvand & Vejers Strand

Die Nordseeküste zwischen Blåvand, Vejers und Henne bis zum Ringkøbing Fjord zählt zu den meist besuchten Ferienregionen Dänemarks. Die kilometerlangen Strände mit den hohen Dünen bilden im Sommer den Rahmen für Badespaß, im Frühjahr oder Herbst für herrliche, ausgedehnte Strandspaziergänge. Rund um Blåvands Huk ist Baden wegen gefährlicher Strömungen nicht möglich, ansonsten signalisiert die Blaue Flagge unbeschwerte und saubere Badefreuden. Während in Blåvand Autos vom Strand verbannt sind, darf der nahe Vejers Strand auf rund 1500 Metern Länge befahren werden.

3 Nørre Vorupør

Aktiv oder entspannt – die Strände entlang der dänischen Westküste bieten für jeden das Richtige. Besonders attraktiv zeigen sich Küste und Traditionen im Norden: Im kleinen Fischerort Nørre Vorupør in der Region Thy ziehen die Fischer ihre Boote wie einst noch auf den flachen Strand (Häfen sind im dänischen Westen eine Ausnahme). Darüber hinaus ist der endlose, mit der Blauen Flagge ausgezeichnete Strand von Vorupør wie gemacht für Familien-Badeurlaub. Und die Nordsee hier, vor allem aber im nahen Klitmøller, gilt als beliebtes Surfrevier.

4 Grenen

Willkommen an Jütlands nördlichster Spitze. In Grenen kann man mit je einem Fuß in verschiedenen Meeren stehen – mit dem einen in der Nord-, mit dem anderen in der Ostsee. Nur Schwimmen ist aufgrund der gefährlichen Strömungen nicht erlaubt. Grenen, nördlich vom Fischerort Skagen gelegen, kann man vom Parkplatz aus per pedes oder mit dem Traktorbus „Sandormen" erreichen. Besonders eindrucksvoll: der Sonnenuntergang über der Nordsee, den schon die berühmten Skagen-Maler wie P. S. Krøyer und Michael Ancher um 1900 gern auf ihren Gemälden festhielten (heute zu besichtigen im Skagens Museum, s. S. 60).

5 Femmøller Strand

Die Ostsee-Halbinsel Djursland zählt zu den unbekannteren Regionen Jütlands, dabei machen sie zahlreiche flache Sandstrände zum idealen Familienreiseziel. Zu diesen gehört auch Femmøller Strand mit gleich zwei Attraktionen in der Nähe: dem Fachwerkidyll des historischen Ortes Ebeltoft und den bis zu 130 Meter „hohen" Berg von Mols. Die hügelige, waldreiche Landschaft eignet sich für wunderschöne Spaziergänge oder Wanderungen als Abwechslung vom Badeurlaub. Und nur etwa eine halbe Autostunde entfernt liegt Dänemarks zweitgrößte Metropole Århus.

6 Gilleleje Strand

Der traditionsreiche Fischerort Gilleleje im Norden der Hauptstadtinsel Seeland gilt als eines der beliebtesten Sommerziele der Kopenhagener. Neben zahlreichen alten Häusern, idyllischen Gassen und guten Ausflugslokalen besitzt der Badeort auch heute noch den größten Fischereihafen Seelands. Sein Übriges tut der attraktive, mit der Blauen Flagge ausgezeichnete und sehr kinderfreundliche Strand von Gilleleje.

7 Stevns Klint

Schön und spektakulär zugleich präsentiert sich die südlich von Kopenhagen gelegene Steilküste. Auf einer Länge von etwa 15 Kilometern endet die Insel Seeland hier in einer 41 Meter hohen Klippe. An klaren Tagen geht der Blick weit hinaus auf den Øresund. Ein beliebtes Fotomotiv ist die alte Kirche von Højerup: 1928 stürzten große Teile des Gotteshauses hinunter in die Tiefe – noch heute sind Reste des Erdrutsches am Strand zu erkennen. Die verbliebenen Teile der Højerup Kirke sind jetzt durch Steine und eine Mauer vor weiterer Zerstörung geschützt. Doch ob die Kräfte von Meer und Wind auf Dauer darauf Rücksicht nehmen?

8 Møns Klint

Die weltberühmte Ostküste der Ostseeinsel Møn nennt die einzigen Kreidefelsen Dänemarks ihr Eigen. Die bis zu 130 Meter hohen, atemberaubenden Formationen sind eines der beeindruckendsten Naturschauspiele des Landes (s. auch S. 10/11). Wie ihre „Schwestern" auf Rügen entstanden auch die Kreidefelsen von Møns Klint vor etwa 75 Millionen Jahren. Damals war der größte Teil Nordeuropas von einem tropischen Meer bedeckt – Fossilien finden Besucher von Møns Klint auch heute noch oft. Später dann wurden diese Lagen aufgeschoben, ehe eiszeitliche Gletscher die Kreideformationen verschoben und abschliffen. Den besten Blick auf Kreide- und Tonschichten hat man vom Strand aus, zu dem Holztreppen hinunterführen. Mehr zur aufregenden Geschichte der Kreidefelsen erfährt man im Erlebnismuseum GeoCenter Møns Klint (Stengårdsvej 8, Borre, www.moensklint.dk; April–Okt. tgl. min. 10.00/11.00–17.00 Uhr).

9 Marielyst auf Falster

Marielyst auf der nur einen Katzensprung von Deutschland entfernten dänischen Ostseeinsel Falster gilt als eines der klassischen Feriengebiete Dänemarks. Bis heute ist seine Anziehungskraft ungebrochen. Besonders der endlose Strand macht die Region im Südosten Falsters einmalig: Bøtø Strand bietet auf nicht weniger als 18 Kilometern ungetrübte Sommer- und Badefreuden, ob nun relaxt an und in den Dünen oder aktiv mit Surfbrett oder Boot auf dem Wasser. In der Nebensaison lädt Bøtø Strand zu stundenlangen Spaziergängen ein.

10 Dueodde

Der Strand von Dueodde ist die bekannteste Ferienregion Bornholms. Hier, an der Südküste, zeigt sich die östlichste dänische Insel so ganz anders als an der Felsküste im Norden. Besucher erwartet ein Badeparadies mit kinderfreundlichem Strand, der den vielleicht schönsten Sand Dänemarks besitzt. Über rund 25 Kilometer erstreckt sich die Traumküste zwischen Snogebæk und Boderne. Selbst im Sommer findet hier jeder Sonnenhungrige darum ein ungestörtes Plätzchen für sich. Vom Parkplatz führt ein etwa 500 Meter langer Holzpfad an den Strand, der somit auch mit Kinderwagen oder Rollstuhl zu erreichen ist. Ein Teil von Dueodde, Jomfrugård, ist als FKK-Strand ausgewiesen.

Maßstab 1:800.000
0
10km
Skagerrak
Jammerbugten
Vigsø Bugt
Nationalpark Thy
Thisted
Hanstholm
Limfjorden
Løgstør Bredning
Livø Bredning
Nissum Bredning
Thyholm
Lemvig
Struer
Venø Bugt
Skive
Holstebro
Herning
Ikast
Ringkøbing
Viborg
Silkeborg
Randers
Hobro
Mariager Fjord
AARHUS
Aarhus Bugt
Helgenæs
Grenaa
Djursland
Nordjylland
Midtjylland
Himmerland
Mors
Vendsyssel
Store Vildmose
Lille Vildmose
Rold Skov
Rebild Bakker
Nørresundby
AALBORG
Aalborg Bugt
Brønderslev
Hjørring
Hirtshals
Frederikshavn
Skagen
Tannis Bugt
Ålbæk Bugt
Kattegat
Læsø
Læsø Rende
Sæby
Samsø
Svanegrund
Tunø
Endelave
Kattegatt
Varberg, Anholt
Göteborg
Oslo
Kristiansand
Seyðisfjörður
Bergen
Larvik
Langesund

UMTOST VON GLEICH ZWEI MEEREN

Zum Norden Jütlands gehören die beiden Großstädte Aarhus und Aalborg, die hier die kulturellen Akzente setzen. Die Westküste säumen beliebte Urlaubsstrände, die im Sehnsuchtsziel Skagen gipfeln. Vergleichsweise still ist es im Binnenland am Limfjord.

1 Aarhus

Dänemarks zweitgrößte Stadt (345 000 Einw.) ist mit Universität und Hochschulen eine junge Metropole. Die Europäische Kulturhauptstadt von 2017 war schon 928 Bischofssitz (Stadtrecht 1441). Jütlands Oper, Theater, Orchester, Ballett und das ARoS bieten Kultur.

SEHENSWERT

Wahrzeichen ist der 60 m hohe Turm des **Rathauses**, das Stararchitekt Arne Jacobsen 1942 entwarf (Rådhuspladsen 2). Gemütlich geht es in der Møllestien und der **Altstadt** um Marktplatz und den **Dom St. Clemens** (12.–15. Jh.; Store Torv 1, www.aarhusdomkirke.dk; Mai bis Sept. Mo.–Sa. 9.30–16.00 Uhr, sonst kürzer) zu. Am Industrie- und Fährhafen entsteht der neue Stadtteil **Aarhus Ø** mit Highlights wie der Bibliothek Dokk1, dem Wohnhaus „Eisberg", Büros, Restaurants und dem Hafenschwimmbad „Bassin 7" vom dänischen Stararchitekten Bjarke Ingels (BIG), in dem man im Sommer citynah baden und entspannen kann.

MUSEEN

Aushängeschild ist das **Kunstmuseum ARoS** mit Kunst der letzten 300 Jahre und dem spektakulären Rundgang „Your Rainbow Panorama" auf dem Dach (Aros Allé 2, www.aros.dk; Di. und Do.–So. 10.00–17.00, Mi. 10.00–22.00 Uhr). Im **Freilichtmuseum Den Gamle By** versetzen rund 80 historische Gebäude Besucher bis ins 17. Jh. zurück (Viborgvej 2, www.dengamleby.dk; Juli und Aug. tgl. 10.00–18.00 Uhr, sonst kürzer). Das **Moesgård Museum**, Dänemarks wichtigste Stätte für Ur- und Frühgeschichte, erzählt von der Vor- bis zur Wikingerzeit (Moesgård Allé 15, www.moesgaardmuseum.dk; Di. und Do.–So. 10.00–17.00, Mi. 10.00–21.00 Uhr).

Die Seen Søndersø und Norresø liegen mitten in Viborg (links). Viele historische Häuser prägen den Ortskern von Ebeltoft (rechts).

EINKAUFEN

Das Shopping-Spektrum reicht von kleinen Boutiquen in **Badstuegade, Klostergade, Volden** (dt. Wall), **Studsgade, Borggade** und **Graven** (dt. Graben) über die Kunsthandwerker und Designer von NR4 (Jægergårdsgade 51; http://www.nr4.dk/) bis zu den Kaufhausklassikern **Salling** (Søndergade 27, www.salling.dk) und **Magasin** (Immervad 2, www.magasin.dk).

HOTELS UND RESTAURANTS

Nur zehn Minuten von der City und doch direkt am Strand liegt das **€ € € / € € Helnan Marselis Hotel** (Strandvejen 25, DK-8000 Aarhus C, Tel. 86 14 44 11, www.helnan.dk). Persönlichen Charme bietet das **€ € Guldsmeden** im Latinerkvarter (Guldsmedgade 40, DK-8000 Aarhus C, Tel. 86 13 45 50, https://guldsmedenhotels.com). Ein angesagtes Restaurant ist das **€ € € € Kähler Villa Dining** (Grenåvej 127, Risskov, Tel. 86 17 70 88, www.villadining.dk). Mit dem **€ € Café Jorden** begann 1985 der Kaffeehaustrend in Dänemark (Badstuegade 3, Tel. 86 19 72 22, www.facebook.com/cafejorden). Herrliche Backwaren gibt es bei **Emmerys** (u. a. Guldsmedgade 24, Tel. 86 13 04 00, www.emmerys.dk).

VERANSTALTUNGEN

Die **Aarhus Festuge** (Aarhus Festwoche) ist mit Theater, Musik, Tanz u. a. Nordeuropas größtes Kulturevent (Ende Aug.; www.aarhusfestuge). Renommiert ist das **Aarhus Jazz Festival** (Mitte Juli; www.jazzfest.dk).

UMGEBUNG

Samsø (3900 Einw.; www.visitsamsoe.dk) gehört mit Badestränden, geschützter Natur und dem Dorf Nordby zu den schönsten Ferieninseln des Landes. Die Hafenstadt **Ebeltoft** (50 km östl.) besitzt das kleinste Rathaus Dänemarks, heute Museum, sowie ein Glasmuseum (Strandvejen 8, www.glasmuseet.dk; Juli und Aug. tgl. 10.00–18.00 Uhr, sonst kürzer). Attraktion der Hafenstadt **Grenaa** (63 km nordöstl.) ist das **Kattegatcenter**. **Randers** (97 000 Einw.; 40 km nördl.) lockt mit Dänemarks einzigem subtropischen Regenwald, dem Randers Regnskov (Tørvebryggen 11, www.regnskoven.dk; Juli und Aug. tgl. 10.00–18.00 Uhr, sonst kürzer) und dem Elvis-Presley-Museum Memphis Mansion (Graceland Randers Vej 3, www.memphismansion.dk; tgl. 10.00–21.00 Uhr).

INFORMATION

VisitAarhus, Dokk1, Hack Kampmanns Plads 2, DK-8000 Aarhus C, Tel. 87 31 50 10, www.visitaarhus.de

2 Viborg

Viborg (38 500 Einw.) gehört zu den ältesten Städten. Bis 1660 wurden hier vom Landsting alle dänischen Könige eingesetzt.

SEHENSWERT

Den **Dom** (urspr. 12. Jh.) schmückte Joakim Skovgaard 1901–1913 mit Gemälden biblischer Geschichten aus (Domkirkepladsen; Mai–Aug. Mo.–Sa. 11.00–17.00, So. 12.00–17.00 Uhr, sonst kürzer). Das **Skovgaard Museet** im Alten Rathaus (1728) widmet sich diesem Künstler (Domkirkestræde 2, www.skovgaardmuseet.dk; Juni bis Aug. Di.–So. 10.00–17.00 Uhr, sonst kürzer).

UMGEBUNG

Hjerl Hede bei Vinderup (42 km westl.) erhält als Freilichtmuseum dänisches Land- und Dorfleben von einst lebendig (Hjerl Hedevej 14,

Tipp

Elchalarm

Mehr als 5000 Jahre gab es keine Elche in Dänemark. Doch seit Kurzem leben wieder einige im für mich schönsten Wildgebiet des Landes: im Moor Lille Vildmose nahe Aalborg. Naturfans können hier das ganze Jahr über auch Wildpferde, Wildschweine und mit etwas Glück Adler beobachten. In Frühjahr und Herbst sind Zugvögel zu Gast.

INFORMATION
Lille Vildmosecentret, Vildmosevej 100, Dokkedal, DK-9280 Storvorde, www.lillevildmose.dk; Mitte März–Mitte Okt. tgl. 10.00–14.00, Juni–Aug. 10.00–17.00 Uhr, Touren möglich

Vinderup, www.hjerlhede.dk; Juli und Aug. tgl. 10.00–17.30, April–Juni, Sept. und Okt. 10.00 bis 16.00 Uhr).

INFORMATION
VisitViborg, Tingvej 2A, DK-8800 Viborg, Tel. 86 82 19 11, www.visitviborg.de

3 Thisted

Die kleine Handels- und Hafenstadt am Limfjord (13 000 Einw.) ist „Hauptstadt" des ersten dänischen Nationalparks Thy.

HOTELS UND RESTAURANTS
Urlaub macht man in Thisted traditionell im Ferienhaus. Eine Alternative bietet das **€ € Hotel Thisted** mit Restaurant (Frederiksgade 16, DK-7700 Thisted, Tel. 97 92 52 00, www.hotelthisted.dk). Henrik Sørensen und Jan Kristensen führen ihr **€ € Restaurant Bryggen** am Hafen mit Leidenschaft (Sydhavnsvej 9, DK-7700 Thisted, Tel. 97 92 30 90, www.bryggen.eu).

UMGEBUNG
Klitmøller (14 km westl.) gilt bei Surfern als „Cold Hawaii" (www.coldhawaii.com).
Das MuseumsCenter in der Hafenstadt **Hanstholm** (17 km nördl.) erinnert an die deutsche Besatzung im Zweiten Weltkrieg (Molevej 29, www.museumscenterhanstholm.dk; Juni–Aug. tgl. 10.00–17.00, Febr.–Mai und Sept.–Okt. tgl. 10.00–16.00 Uhr). Ein wichtiges Stück Kriegsgeschichte dokumentiert außerdem das **Sea War Museum Jutland** in **Thyborøn** (60 km südl.): Am 31. Mai und 1. Juni 1916 fand vor der dänischen Halbinsel die Skagerrakschlacht statt (Kystcentervej 11, www.seawarmuseum.dk, Juni–Aug. tgl. 10.00–17.00, sonst 10.00 bis 16.00 Uhr).

INFORMATION
Thy Turistbureau, Store Torv 6, DK-7700 Thisted, Tel. 97 92 19 00, www.visitthy.com

4 Hirtshals

Hirtshals (6000 Einw.) gehört zu den größten Fischereihäfen des Landes und ist einer der wichtigsten Fährhäfen im Königreich.

SEHENSWERT
In Nordeuropas größtem Aquarium, dem **Nordsøen Oceanarium**, leben viele Meerestiere (Willemoesvej 2, www.nordsoenoceanarium.dk; Juli–Aug. tgl. 9.00–18.00, Mai–Juni, Sept.–Okt. 10.00–17.00, sonst 10.00–16.00 Uhr).

UMGEBUNG
Mit ihren Stränden gehören **Løkken** (33 km südl.) und **Blokhus** (70 km südl.) zu den beliebtesten Urlaubsorten in Nordjütland. Das Fischer- und Künstlerdorf **Lønstrup** (24 km südl.) besitzt eine atemberaubende Steilküste.

INFORMATION
Hirtshals Turistbureau, Jyllandsgade 10, 9850 Hirtshals, Tel. 98 94 22 20, www.visithirtshals.dk

5 Skagen

Der Aufstieg zum beliebten Ferienort begann mit der Künstlerkolonie der Skagenmaler. Inzwischen hat sich Skagen (8200 Einw.) wieder zum größten Fischereihafen Dänemarks entwickelt.

SEHENSWERT
Dänemarks Nordspitze **Grenen TOPZIEL** ist vom Parkplatz aus in 30 Gehminuten oder per Traktorbus zu erreichen (www.sandormen.dk; s. auch S. 56). Das **Skagen Odde Naturcenter** vermittelt, wie Naturgewalten und Mensch die Gegend prägten (Batterivej 51, www.skagen-natur.dk; Mai–Mitte Okt. Mo.–Fr. 10.00–16.00, Sa. und So. 11.00–16.00 Uhr).
Die bis zu 35 m hohe Wanderdüne **Råbjerg Mile** vor der Stadt ist mit 2 km² die größte im Norden – sie wandert jährlich 15 m Richtung Nordost.

MUSEEN
Hauptwerke der Skagenmaler zeigt das **Skagens Museum** (Brøndumsvej 4, www.skagensmuseum.dk; Mai–Aug. tgl. 10.00–17.00, Mi. 10.00–21.00, April, Sept. und Okt. Di.–So. 10.00–17.00 Uhr). Im **Michael & Anna Anchers Hus** wohnte und arbeitete das Künstlerehepaar ab 1884 (Markvej 2, www.anchershus.dk; Mai–Okt. tgl. 10.00–16.00/17.00 Uhr).

HOTELS
Übernachten kann man in **€ € € Brøndums Hotel** (Anchersvej 3, DK-9990 Skagen, Tel. 98 44 15 55, www.broen dums-hotel.dk).
€ € € / € € Ruths Hotel ist ein traditionsreiches Badehotel (Hans Ruths Vej 1, DK-9990 Skagen, Tel. 98 44 11 24, www.ruths-hotel.dk).

VERANSTALTUNG
Das **Skagen Festival** mit Fokus auf Folk- und Bluesmusik ist Dänemarks ältestes Musikfestival (www.skagenfestival.dk; 1. Juli-Wochenende).

INFORMATION
VisitSkagen, Vestre Strandvej 10, DK-9990 Skagen, Tel. 98441377, www.visitskagen.dk

VOR DEM SKAGERRAK FAND DIE GRÖSSTE SEESCHLACHT DES 20. JAHRHUNDERTS STATT – 25 SCHIFFE SANKEN, FAST 9000 BRITISCHE UND DEUTSCHE SEELEUTE KAMEN UM.

Nord- trifft Ostsee an Jütlands Nordspitze: Grenen (oben); Skagens Fischereihafen (unten)

6 Frederikshavn

Frederikshavn (35 000 Einw.) ist eine wichtige Hafenstadt mit Verbindungen nach Norwegen, Schweden und zur Urlaubsinsel Læsø.

SEHENSWERT
Der alte Pulverturm **Krudttårnet** (1690) erinnert mit einer militärhistorischen Ausstellung an Festungsstadtzeiten (Kragholmen 2, www.bangsbo.com; Juni–Aug. tgl. 12.00–15.00 Uhr). Südseefeeling vermittelt Dänemarks einziger Palmenstrand (Nordre Strandvej 22; Mai–Sept.).

UMGEBUNG
Zu den schönsten Renaissanceschlössern im Königreich zählt 28 km südl. **Voergård TOPZIEL** (16. Jh.; Voergård 6, Dronninglund, www.voergaardslot.dk; Juni–Aug. tgl. 11.00–16.00, April, Mai, Sept. und Okt. Sa., So. 11.00–16.00

Uhr). **Læsø** im Kattegat gehört mit alten Dörfern und 17 km Strand zu den schönsten Ferieninseln (www.visitlaesoe.de). Die Læsø Saltsyderi siedet Speisesalz (Hornfiskrønvej 3, www.saltsyderiet.dk; Mai–Okt. tgl. 10.00 bis 16.00/17.00, sonst Mo.–Sa. 10.00–14.00 Uhr).

INFORMATION
Frederikshavn Turistbureau, Skandiatorv 1, DK-9900 Frederikshavn, Tel. 98 42 32 66, www.visitfrederikshavn.dk

7 Aalborg

Die Hafenstadt (215 000 Einw.) war lange von Werft und Schifffahrt geprägt. Heute bestimmen Kultur und Universität das junge Stadtbild.

SEHENSWERT
Wahrzeichen ist die **Budolfikirche** mit barockem Turm (ab 1450). In ihrem Schatten liegen das **Helliggeistkloster** (1431; Klosterjordet 1, www.aalborgkloster.dk; nur Führungen) und das **Jens Bangs Stenhus**, ein schönes Renaissancehaus (1624; Østerågade 9). **Schloss Aalborghus** (16. Jh.) dient heute der Stadtverwaltung.

UNTERHALTUNG
Im **Musikhaus** geben das Aalborg Symfoniorkester und Musiker von Rock bis Pop Konzerte (Musikkens Plads 1, www.musikkenshus.dk).

MUSEEN
Das **Kunsten** ist eines der schönsten Kunstmuseen Skandinaviens (Kong Christians Allé 50, www.kunsten.dk; Di.–So. 10.00–17.00, Mi. 10.00 bis 21.00 Uhr). Das **Utzon Center** war letztes Werk von Jørn Utzon und zeigt Ausstellungen zur Architektur (Slotspladsen 4, www.utzoncenter.dk; Di.–So. 10.00–17.00 Uhr), das Erlebnismuseum **Springeren** Seefahrtsgeschichte (Vestre Fjordvej 81, www.springeren-maritimt.dk; tgl. 10.00–16.00, Juli tgl. 10.00–12.00 Uhr).

VERANSTALTUNG
Pfingsten findet der größte **Straßenkarneval** Nordeuropas statt (www.aalborgkarneval.dk).

RESTAURANTS
€ € € Mortens Kro hat international-nordische Küche (Mølleå 2-6, Tel. 98 12 48 60, www.mortenskro.dk). Bier gibt es in **€ € Søgaards Bryghus** (C. W. Obels Plads 1A, Tel. 98 16 11 14, www.soegaardsbryghus.dk).

UMGEBUNG
Lindholm Høje TOPZIEL (6 km nördl.) gehört zu Dänemarks bedeutendsten Frühzeitstätten. Kulturgeschichte zeigt in **Løgstør** (48 km westl.) das Limfjordsmuseum (Kanalvejen 40, Tel. 98 67 17 05, www.limfjordsmuseet.dk; Mitte Juni–Aug. tgl. 10.00–17.00, Mitte April–Mitte Juni, Sept. und Okt. Sa., So. 10.00–17.00 Uhr).

INFORMATION
VisitAalborg, Kjellerups Torv 5, Kesselhalle des Kulturcenters Nordkraft, DK-9000 Aalborg, Tel. 99 31 75 00, www.visitaalborg.com

MIT HAIEN TAUCHEN

Im Kattegatcenter lohnt schon der „normale“ Besuch: Das architektonisch gelungene Salzwasseraquarium im Hafenstädtchen Grenaa stellt in vielen großen und kleineren Becken unbekannte Unterwasserwelten vor. Die Kattegataquarien geben zum Beispiel Einblicke in die heimischen Meere. Schwärme von Dorsch, Hornhecht und Butt oder Rochen tummeln sich im riesigen Oceanariet, das mit 1,5 Millionen Litern Meerwasser gefüllt ist. Auch fünf heimische Haiarten wie Dorn- und Katzenhai fühlen sich hier sichtlich wohl. Nur eine 16 Zentimeter dicke Acrylglasscheibe trennt Besucher und Fische.

Perspektivenwechsel – im Kattegatcentret haben Besucher die Möglichkeit, Meeresbewohnern wie Haien und Rochen ganz nah auf die Schuppen zu rücken.

Mutige dürfen aber sogar die andere Scheibenseite des Oceanariums erkunden – im Rahmen eines Tauchgangs mit einem der Tauchlehrer des Kattegatcenters. Nach einer ausführlichen Einweisung und zehnminütigen Trockenübungen geht es hinein ins 18 Grad Celsius kalte Wasser, zu Haien, Meerforellen & Co. – näher kommt man der dänischen Unterwasserwelt nur beim Tauchen vor der Küste selbst. Dort ist das Wasser allerdings nicht immer so klar wie hier. Der Tauchlehrer ist immer dabei, sodass sich auch Anfänger jederzeit sicher fühlen können.

Nach beendetem (Tauch-)„Abenteuer“ erhält jeder Teilnehmer ein Tauchdiplom. Die Tauchgänge sind ausgesprochen beliebt – wer früh kommt, hat deshalb die besten Aussichten, dabei zu sein. Es gibt aber auch eine gute Alternative: Kleine und große Unterwasserforscher können trocken und sicher mit einer Taucherglocke in die Tiefe gehen. Das Erlebnis dauert acht Minuten und ist deutlich preiswerter.

Kattegatcentret, Færgevej 4, Grenaa, Tel. 86 32 52 00, www.kattegatcentret.dk; Ende Juni–Mitte Aug tgl. 10.00–17.00, Jan.–Juni und Mitte Aug.–Okt. tgl. 10.00–16.00, Nov. und Dez. Di.–So. 10.00–16.00 Uhr

Probetauchen mit Leihausrüstung und Unterricht kostet 800 DKK; wer bereits ein Tauchzertifikat und eine eigene Ausrüstung besitzt, zahlt 700 DKK.

RESTAURANT
NYHAVN 17

Kopenhagen · Seeland

*

DAS ZENTRUM SKANDINAVIENS

*

Gemütlich und innovativ, traditionell und weltoffen, grün und futuristisch – Dänemarks Hauptstadt ist Nordeuropas größte Metropole und vom Geheimtipp zum Szeneziel geworden. Seeland, die größte Insel der Ostsee, fasziniert aber auch sonst mit Königsschlössern, Urlaubsküsten und (Kunst-)-Museen von Weltrang.

Nyhavn ist Kopenhagens gar nicht mehr so „neuer Hafen". Schon 1673 fertiggestellt, ist er heute die pulsierende Vergnügungsmeile der dänischen Metropole

Entweder per Rad oder mit dem Kanu unterwegs:
Die Kopenhagener sind umweltbewusst.

Der 1673 geflutete Stichkanal Nyhavn endet am Kongens Nytorv, wo das Thotts Palais,
Sitz der französischen Botschaft, einen würdigen Abschluss bildet.

Nie mehr allein: Kopenhagens Lille Havfrue an der Langelinie

Ein Sprung ins kühle Nass ist hier immer möglich: Parkanlage an Islands Brygge.

DIE NUR 1,25 METER GROSSE BRONZEFIGUR DER KLEINEN MEERJUNGFRAU, DER MEHRFACH KOPF ODER ARM ABGETRENNT WURDEN, IST DAS MEISTFOTOGRAFIERTE KUNSTWERK DES LANDES.

Wir wissen es alle: Kopenhagen ist etwas ganz Besonderes." Ein populäres Stadtmagazin in der dänischen Hauptstadt brachte auf den Punkt, was die rund 1,3 Millionen Kopenhagener täglich erleben: Die Metropole am Øresund hat sich in den letzten rund 20 Jahren von einer lange verschlafen wirkenden Großstadt mit reichlich Dorfflair zur echten Boomtown in Sachen Architektur und Lifestyle entwickelt – und sich vom Nordrand mitten ins Herz Europas verlagert.

Aus der 1043 schlicht als „Havn", als Hafen, erstmals erwähnten Stadt kommen kreative Impulse, die auf dem ganzen Kontinent, ja weltweit aufhorchen lassen. Zentrale Stichworte sind die Neue Nordische Küche mit Spitzenköchen wie Rasmus Kofoed, Claus Meyer oder René Redzepi vom „Noma", dem lange besten Restaurant der Welt. Ebenso aufregend sind Kopenhagens zeitgenössische Architektur im Stadtteil Ørestad und am wiederentdeckten Hafen, wo Henning Larsens imposante Oper, das Schauspielhaus, Wohn- und Geschäftshäuser, aber auch das einzige innerstädtische Hafenbad Europas echte Hingucker sind. Nicht zuletzt sorgt Kopenhagens gelungene Umwelt- und Verkehrspolitik für Aufsehen: Bis 2025 will die Europäische Umwelthauptstadt von 2014 CO_2-neutral sein.

AM LIEBSTEN PER RAD

Schon 49 Prozent der Kopenhagener fahren heute mit dem Rad zu Arbeit, Einkauf, Schule, Universität oder Ausbildungsplatz. In wenigen Jahren soll bereits die Hälfte der innerstädtischen Wege per Zweirad zurückgelegt werden. Wesentlicher Impuls dazu ist die perfekte Infrastruktur, zu der auch der neue, 13 Kilometer lange Hafenring für Radler und Fußgänger gehört. Mit seinen spektakulären Brücken verbindet er Altstadt diesseits mit neuer Oper, Christianshavn und dem Event-Viertel Papirøen jenseits des Wassers. In Umfragen zeigen sich 97 Prozent der Kopenhagener zufrieden mit der „Fahrradstadt Kopenhagen". Allerdings halten 87 Prozent der Befragten das Radwegnetz auch immer noch für zu klein. Touristen können ebenfalls umweltfreundlich unterwegs sein: Hunderte weiße Citybikes stehen an zentralen Orten wie dem Rathausplatz und am Kongens Nytorv für Touren bereit – die Pedelecs sind mit einem Tablet mit GPS ausgestattet, das Routen vorschlägt und Sehenswertes erklärt.

Apropos sehenswert: Am besten lassen sich Kopenhagens Entwicklung und seine faszinierenden Kontraste von oben erleben. Wer den rund 200 Meter langen Schneckengang des knapp 42 Meter hohen Rundetårn, des Runden Turms an

Den Amalienborg Plads umgeben vier gleich gestaltete Palais. In einem lebt die königliche Familie – alltäglich gibt es dort um 12.00 Uhr eine Wachablösung (oben links). Nur einen Steinwurf entfernt, zeigt die 1894 geweihte Frederikskirche ihre mächtige Kuppel (unten rechts). Schloss Rosenborg beherbergt unter anderem die dänischen Kronjuwelen (oben rechts). Und die Einkaufsmeile Strøget durchzieht auch den Amagertorv; im Hintergrund ragt die auf das 13. Jahrhundert zurückgehende Nikolaikirche auf, die heute ein Museum für moderne Kunst beherbergt (unten links).

der Købmagergade in der Altstadt, hinaufsteigt, wird bei klarem Wetter mit einem unvergesslichen Ausblick belohnt. Schon Zar Peter der Große fuhr 1716 mit Kutsche und Gefolge empor, um von der Aussichtsplattform des Renaissancebaus, der ursprünglich als astronomisches Observatorium und Universitätsbibliothek entstanden war, gen Südosten zum Øresund zu blicken. Dort ragen heute die mehr als 200 Meter hohen Pylone der Øresundbrücke auf. Davor streben Wohn- und Bürotürme der neuen Stadtteile Ørestad und Amager Strandpark zum

DAS RASANT WACHSENDE KOPENHAGEN VERSTEHT SICH ALS TEIL DER ÜBERNATIONALEN METROPOLREGION AM ØRESUND.

Himmel. Die Goldkugel am Kirchturm der Christians Kirke erstrahlt über dem historischen Hafen- und Werftenstadtteil Christianshavn – und dem berüchtigten „Freistaat Christiania", der seine wilden Zeiten aber längst hinter sich hat.

WACHSENDE METROPOLE

Im Süden erkennt man Schloss Christiansborg mit dem Parlament, dem Folketing, im Nordosten das Königsschloss Amalienborg. Gleich unterhalb des Geländers scheinen fast zum Greifen nah Universität und Domkirche zu liegen. Nur wenige Meter dahinter ragt der schmale Backsteinturm des Rathauses auf – mit 100 Metern der höchste Punkt der Gamle by, der historischen City. Jahrelang diskutierten Stadtplaner, Politiker und Bürger, ob auch in Kopenhagens Zentrum Hochhäuser entstehen sollten. Die Pläne sind vom Tisch – zum Glück. Doch rund um seinen historischen Kern wächst und verdichtet sich Kopenhagen zusehends. Die größte Metropole Skandinaviens ist eine wachsende Stadt: Jahr

Der moderne Stadtteil Ørestad ist Sitz der TV- und Radioanstalt Dansk Radio.
Besonders stolz ist sie auf ihren Konzertsaal, ein gestalterisches und akustisches Meisterstück.

Einblicke in heimische und tropische Unterwasserwelten bietet Nordeuropas größtes Aquarium: der Blaue Planet. Es liegt am Kopenhagener Øresund-Ufer.

Das 1890 gegründete Designmuseum Danmark ist die bedeutendste Ausstellungsstätte für industrielles Design und angewandte Künste in ganz Skandinavien.

für Jahr ziehen 20000 Menschen zu. Neuer Wohnraum entsteht am Stadtrand und am Hafen auf früheren Werft-, Kai- und Lagerflächen.

STRØGET UND STERNEKÜCHE

Mit architektonischen Perlen wie der Oper, dem neuen Schauspielhaus und dem „Schwarzen Diamanten", dem modernen Anbau der altehrwürdigen Königlichen Bibliothek, hat sich Kopenhagens Hafen zu einer beliebten Kulturmeile entwickelt. Auch gastronomische Highlights finden sich rund um den Hafen – etwa das zu den weltbesten Restaurants zählende „Noma" im Viertel Christianshavn unweit des „Freistaats Christiania" oder der Street-Food-Markt Reffen auf dem alten Werftgelände Refshaleøen, gleich gegenüber der Kleinen Meerjungfrau. Und am Kai von Islands Brygge sorgt an heißen Sommertagen das Hafenschwimmbad für Abkühlung. Auch Kopenhagens Wahrzeichen, die Kleine Meerjungfrau, sitzt natürlich am Hafen – an der Langelinie.

Kopenhagens Shopping-Herz schlägt rund um Strøget – „der Strich" war bei seiner Einweihung 1962 mit über einem Kilometer Länge die längste Einkaufsmeile der Welt. Sie beginnt an der Flanier- und Feiermeile Nyhavn und Kongens Nytorv und führt rund zwei Kilometer bis zum Rathaus. Dort liegt

Zum nostalgisch anmutenden Teil Tivolis gehören der Eingang, die Uniformen des Personals und die im Stil historischer Straßenbahnen gestaltete Tivolibahn.

Auch im chinesischen Ambiente hielt die Moderne im Tivoli Einzug.

Die Jægersborggade in Nørrebro – das Viertel zählt dank der hohen Dichte an hier lebenden Studenten und Einwanderern zu den angesagtesten und buntesten Stadtteilen Kopenhagens.

DER TIVOLI SCHWANKT SEIT JEHER ZWISCHEN NOSTALGIE UND UMSATZTRÄCHTIGER MODERNE.

Schloss Frederiksborg gilt als ein Gesamtkunstwerk der Renaissance (oben und unten rechts). Zu einem Seefahrtsmuseum gehören zwingend Galionsfiguren, natürlich auch zum Helsingørs Museet for Søfart (links unten).

Louisiana, das Museum für moderne Kunst, wurde 1958 vom Fabrikanten Knud Jensen gegründet und zeigt bis heute moderne Klassiker wie diese Skulptur von Alexander Calder – doch auch die Gartengestaltung und der Blick über den Øresund lohnen.

Special

BIERLAND DÄNEMARK

Dänemark feiert Ølrekord

Dänemark hat sich in den letzten Jahren zu einem der bekanntesten Reiseländer für Genießer entwickelt – Stichwort: Neue Nordische Küche. Dass in Dänemark auch das traditionelle Bier eine Renaissance erlebt, wissen aber oft nur Kenner. Tatsächlich gibt es über das ganze kleine Königreich verteilt neben den Weltmarken Tuborg und Carlsberg aktuell rund 200 Brauereien, von denen die meisten individuelle Haus- und Mikrobrauereien sind. Damit ist Dänemark das Land mit der höchsten Brauereidichte in ganz Europa. 2017 stellte das Biergenussland Dänemark sogar einen neuen Rekord auf: Insgesamt wurden laut Fan-Homepage beerticker.dk 2018 nicht weniger als 1825 neue Biere präsentiert. Zu den besten Kleinbrauereien gehört dabei seit Jahren das Brauhaus „Mikkeller“ in Kopenhagen, das mehr als 100 Varianten im Angebot hat. Weitere Spitzenbrauereien sind das „Nørrebro

Bryghus“, ebenfalls in der Hauptstadt beheimatet, oder das „Fur Bryghus“ auf der gleichnamigen Limfjordinsel. Den besten Überblick über die ganze dänische Biervielfalt erhält man übrigens am „Tag der Brauereien“, dem alljährlich im Herbst stattfindenden Øllets Dag (http://ølletsdag.dk).

mit dem Vergnügungspark Tivoli Kopenhagens zweite weltberühmte Attraktion. Bereits 1843 eröffnet, gehört er zu den ältesten Familienparks der Welt. Mehr als 30 historische und neue Fahrgeschäfte von der 100 Jahre alten Holzachterbahn bis zum 5-G-schnellen „Vertigo“ ziehen 1,3 Millionen kleine und große Gäste im Jahr an. Besonders stimmungsvoll ist ein Besuch zu Halloween im Herbst oder auch zu „Jul i Tivoli“ im Advent.

Doch egal, zu welcher Jahreszeit, anschließend folgt am besten ein Bummel durch Vesterbro, neben dem internationalen Nørrebro der derzeit angesagteste In-Stadtteil Kopenhagens. Wer individuell essen gehen oder einkaufen will, ist hier richtig.

LAND DER SCHLÖSSER

Nördlich von Kopenhagen beginnt – zumindest für die Kopenhagener selbst – Seeland. Die mit 7030 Quadratkilometern größte Insel Dänemarks zeigt hier entlang dem Strandvej am Øresund, der berühmtesten und teuersten Straße des Königreichs, einige ihrer schönsten Seiten. Rungstedlund zum Beispiel, den Wohnsitz der Schriftstellerin Karen Blixen (1885–1962), die 1937 mit „Jenseits von Afrika“ berühmt wurde. Und natürlich das Louisiana bei Humlebæk: Das wohl schönste Museum für moderne

In Langhäusern wie diesem Nachbau in Trelleborg verbrachten die Wikinger die nordischen Winter.

Museales Prunkstück: eines der aus dem Roskildefjord geborgenen Wikingerschiffe

Rungstedlund: In dem Haus, in dem Karen Blixen ihren Lebensabend verbrachte, widmet sich heute ein Museum dem literarischen Nachlass der Autorin von „Jenseits von Afrika".

Schloss Kronborg besitzt nicht nur den größten Rittersaal des Landes. Zwei Heldengestalten sorgen für Weltruf: Shakespeare siedelte seinen „Hamlet" hier an, und die Skulptur des schlafenden Riesen Holger Danske wird erwachen, wenn seiner Heimat Gefahr droht.

SEELAND BILDET EIN BUNTES KALEIDOSKOP AUS SCHLÖSSERN, PARKS UND ERINNERUNGEN AN GROSSE VERGANGENHEIT.

Kunst Dänemarks – und zugleich eines der berühmtesten der Welt – nennt überdies einen tollen Garten mit Bilderbuchblick auf den Øresund sein Eigen. Von dort ist es nicht mehr weit zur legendären Hamletstadt Helsingør, wo Dänemarks Nationalheld Holger Danske in den Kasematten von Schloss Kronborg über sein Land wacht und das neue Museet for Søfart in einem umgebauten Trockendock von Geschichte und Gegenwart einer großen Seefahrernation erzählt.

Apropos Schloss: Seelands Norden ist Schlösserland. Mit Frederiksborg und Fredensborg liegen gleich zwei der großen Königsschlösser im „Nordseeland der Könige". Auch zur geschichtsträchtigen Domstadt Roskilde ist es nur einen Katzensprung: Die Universitätsstadt zeichnet anhand der hier im Roskildefjord gefundenen Wikingerschiffe eindrucksvoll Dänemarks reiche Wikingergeschichte nach. Und im Dom des einstigen Königssitzes wurden seit 1412 alle Monarchen des Landes – den Anfang machte damals Margrete I. – bestattet.

Etwas weiter südlich, bei Slagelse, lässt sich noch ein weiterer Blick auf nordmännisches Erbe werfen. Trelleborg gilt mit 137 Metern Durchmesser als größte Wikingerfestung Dänemarks. Einst strategisch zentral am Großen Belt gelegen, bot sie 1300 Menschen Platz. Die Ringburg mit ihrem fünf Meter hohen Wall wurde von Harald Blauzahn kurz vor dem Ende des ersten nachchristlichen Jahrtausends errichtet, erst zwischen 1934 und 1942 ausgegraben und mittlerweile teilweise rekonstruiert.

BIS ZU DEN WEISSEN FELSEN

An der Nordküste Seelands prägen traditionsreiche Badeorte wie Hornbæk und Gilleleje und die „Seeländische Schweiz" von Odsherred das Bild vom dänischen Strand- und Sommerleben. Im Westen verbindet bei Korsør die Brücke über den Großen Belt die Landesteile. Das romantische Inselgefühl kann das imposante Bauwerk Seeland aber ebenso wenig nehmen wie ihr Pendant im Osten, die Øresundbrücke.

Der Südosten von Seeland besitzt eine bedeutende UNESCO-Weltnaturerbestätte. Die 15 Kilometer lange und bis zu 40 Meter hohe Steilküste Stevns Klint mit ihren Fossilien gehört zu den wenigen Orten der Welt, an denen Spuren eines gewaltigen Meteoriteneinschlags vor rund 65 Millionen Jahren zu sehen sind. Wissenschaftler glauben, dass die der apokalyptischen Katastrophe folgenden massiven globalen Klimaveränderungen verantwortlich für das Aussterben der Hälfte aller Lebewesen der Erde waren, darunter auch das der Dinosaurier.

Neue Architektur

MIT DER METRO IN DIE ZUKUNFT

Kopenhagen setzt Zeichen in Sachen zeitgenössischer Architektur. Sehenswert sind vor allem der „Schwarze Diamant" als Anbau der altehrwürdigen Königlichen Bibliothek, die neue Oper oder das Schauspielhaus am Hafen. Gleich ein ganz neuer Stadtteil ist die Ørestad zwischen Altstadt, Øresund und Kopenhagens Flughafen.

Das Tietgenkollegiet wurde als „Studentenwohnheim der Zukunft" geplant.

Das neue Kopenhagen beginnt am Kongens Nytorv. An der Metrostation in der Altstadt der dänischen Hauptstadt und im Schatten traditionsreicher Adressen von Königlichem Theater und Luxuskaufhaus Magasin du Nord erwartet mich Saana Rönkönharju. Sie nimmt mich mit auf eine Architekturtour in Kopenhagens neuen Stadtteil Ørestad auf der Insel Amager. „Die Metro ist eines der modernsten öffentlichen Verkehrsmittel der Welt – und so etwas wie die Lebensader der Ørestad", begründet die finnische Architektin den Treffpunkt. „Als Besucher erlebt man mit der Metro die Kontraste der dänischen Hauptstadt noch deutlicher als mit Rad oder Auto: hier die jahrhundertealte City, dort die futuristische Architektur der Ørestad."

Bereits auf dem Weg per Rolltreppe zum Bahnsteig fällt die helle Metrostation auf, deren 2005 mit dem Nordischen Lichtpreis, dem Nordisk Lyspris, ausgezeichnetes klares Design teilweise vom dänischen Designer Knud Holscher stammt. Und schon fährt die M1 ein. Lautlos öffnen sich die Glastüren zur führerlosen U-Bahn. Bei Islands Brygge wird das Tageslicht erreicht. Nach zwölf Minuten Ausstieg an der Station Ørestad. Mit Skandinaviens größtem Kaufhaus, Field's, und dem Hauptsitz des Pharmaunternehmens Ferring sind hier zwei der ersten Anrainer der Ørestad zu finden.

LEBENSWERT UND PRÄMIERT

Wir erreichen nach wenigen Minuten das Ørestad Gymnasium. Der helle, öffentliche Bau des Architekturbüros 3XN ist mehr als „nur" funktional: Als eines der zentralen öffentlichen Gebäude der Ørestad – in der heute bereits rund 15 500 von bald 20 000 Menschen wohnen – wirkt die 12 000 Quadratmeter große Schule wie eine Landmarke in Sachen Offenheit und Flexibilität. Gelernt wird in Arbeitsräumen, diskutiert oder entspannt in für alle zugänglichen Ruhezonen. Dass im 2007 eingeweihten Ørestad Gymnasium mehr als 1100 Schüler lernen, mag man kaum glauben.

Gleich nebenan liegen zwei der großen und mehrfach prämierten Wohngebäude der Ørestad: Die charakteristischen VM Husene (2005)

Offenheit und Flexibilität prägen das Ørestad Gymnasium und schaffen beste Voraussetzungen für gemeinsames Lernen.

Das Bella Sky Hotel, mit 814 Zimmern das größte Hotel Skandinaviens, wurde 2011 eröffnet (oben). Hinter den gezackten Balkonen der VM Husene verbergen sich 200 Eigentumswohnungen (unten).

mit den gezackten, schiffsförmigen Metallbalkonen entwarfen 2001 die Architekten Julien de Smedt und Bjarke Ingels vom Büro PLOT. Inzwischen selbstständig, gestaltete der längst zum Nachwuchsstar am Architekturhimmel aufgestiegene Ingels auch den VM Bjerg (2008) – ebenfalls mit Eigentumswohnungen, auf elf Etagen verteilt und mit Balkon. So spektakulär ist das Haus, dass sich seine Bewohner immer wieder neugieriger Besucher erwehren müssen, die keine Privatsphäre kennen.

Fakten & Informationen

Themen-Stadtrundgänge zu Kopenhagens neuer Architektur oder sehenswerten Stadtteilen bieten mehrere Anbieter, darunter das Dänische Architektur Center (Bryghuspladsen 10, 1473 Kopenhagen K, Tel. 32 57 19 30, www.dac.dk). Reizvolle Führungen bieten auch die Architekturguides von Experience Ørestad an (Programm online auf www.experienceorestad.dk).
Wer **Architektur und Baustile des historischen Kopenhagens** kennenlernen möchte, kann sich mit einem Guide von Historiske Byture auf Spurensuche begeben; Anfragen per Mail an janssen.cph@gmail.com (auch Englisch), www.historiskebyture.dk.

OFFENE BAUWEISE MIT NACHTEILEN

Anschließend fahren wir wieder zwei Stationen Metro, zurück Richtung Kopenhagener Innenstadt. Ausstieg DR byen: Auffällig strahlt uns ein blauer Kubus entgegen, der 2009 eingeweihte Konzertsaal des Dänischen Rundfunks (DR) aus der Ideenschmiede des Architekten Jean Nouvel. Über einen Glasgang mit dem Konzerthaus verbunden – und getrennt durch einen Kanal, der die gesamte Ørestad durchzieht – sind die Sende- und Verwaltungsbauten des dänischen Radios und Fernsehens DR, auch sie ebenso funktional wie sehenswert. Ausnahmen bestätigen die Regel: Die offene Bauweise führte dazu, dass Mitarbeiter im Winter in den Büros froren.

Die letzte Etappe unserer Ørestad-Erkundung führt gleich hinter der „Radio-Stadt" zu Kopenhagens IT-Universität, einem kreativen Studien- und Zukunfts-Freiraum vom dänischen Architekten Henning Larsen, der auch Kopenhagens Neue Oper am Hafen schuf (2002). Schräg gegenüber zeigt sich das runde Tietgenkollegiet als Ergebnis eines Architekturwettbewerbs für das „Studentenwohnheim der Zukunft". Der Entwurf von Boje Lundgaard, Lene Tranberg und der Landschaftsarchitektin Marianne Levinsen sowie der Consulting-Stiftung COWI ist ebenso sehens- wie lebenswert. Fast 400 Studenten hausen in dem runden Wohnheim, der typisch nordische Gemeinschaftssinn spiegelt sich in den beliebten gemeinsamen Wohn- und Küchenräumen wider: Räume zum Diskutieren, Reden und Leben. Endpunkt unserer Ørestad-Tour ist Boligslangen, ein langgestrecktes Wohngebäude mit insgesamt knapp 300 Eigentums-, Genossenschafts- und Mietwohnungen. Die „Wohnschlange", größter Komplex der Ørestad, stammt von Domus Arkitekter (Erstbezug 2005/2006).

Wir fahren zurück zum historischen Zentrum Kopenhagens. Ausstieg Kongens Nytorv, im „klassischen" Kopenhagen. Ob zukünftige Generationen die Ørestad genauso lebenswert finden wie wir die Altstadt der dänischen Metropole? Diese Frage bleibt offen. Potenzial für eine positive Antwort ist aber vorhanden.

Kopenhagens Neue Oper am Hafen

Im Jahr 2011 wurde das Gebäude 8-tallet als bestes Wohnhaus der Welt gekürt. Architekt Bjarke Ingels entwarf es in der Form der Zahl Acht.

Maßstab 1:16.000
0
300m
INDRE BY
Rosenborg Have (Kongens Have)
Amalienborg
Christiansborg
Tivoli
Nørreport St.
Vesterport St.
København H
Kongens Nytorv St.
Christianshavn St.
Forum
Marmorkirken
Rådhuspladsen
Kongens Nytorv
Nyhavn
Holmens Kanal
Børsgade
Knippelsbro
Langebro
H.C. Andersens Boulevard
Gyldenløvesgade
Vesterbros Torv
Jørgens Sø
Peblinge Sø
Sortedams Sø
1
2
3
4
5
6
7
8
9
10
11
12

Maßstab 1:780.000
0
10km
KØBENHAVN
HELSINGBORG
MALMÖ
Helsingør
Hillerød
Roskilde
Køge
Holbæk
Kalundborg
Slagelse
Sorø
Ringsted
Næstved
Korsør
Nyborg
Landskrona
Gentofte
Herlev
Hvidovre
Tårnby
Dragør
Lyngby
Frederikssund
Hovedstaden
Sjælland
Hesselø Bugt
Isefjord
Køge Bugt
Amager
Sejerø
Samsø
Stevns
Gilleleje
Hundested
Frederiksværk
Solrød Strand
Greve Strand
Hornbæk
Kronborg
13
14
15
16
17
18
19

DIE NORDISCHE METROPOLREGION

Sie leben in der schönsten Stadt der Welt – glaubt man den Kopenhagenern. Über Jahrhunderte unzerstört geblieben, ist Dänemarks Hauptstadt überaus attraktiv. Und das gilt auch für ihre Umgebung, die Insel Seeland mit ihren Schlössern.

1 – 16 København

Kopenhagen ist die größte Metropole Skandinaviens (1,3 Mio. Einw.). Rund um sein historisches Zentrum, das Schloss Christiansborg, lässt sich in den engen Gassen auch heute noch mittelalterliche Atmosphäre spüren. Mit futuristischer Architektur, der modernen Metro oder der weltweit führenden Medizinindustrie ist die dänische Hauptstadt längst im 21. Jh. angekommen.

SEHENSWERT

Einen Rundgang durch Kopenhagen beginnt man am besten im historischen Herzen der Stadt. Auf der Schlossinsel, 1 **Slotsholmen**, sind im **Schloss Christiansborg** (1906–1937) Ausgrabungen der Ringmauer und historische Ausstellungen zugänglich (Christiansborg Slotsplads, www.christiansborgslot.dk, alle königlichen Schlösser unter https://kongeligeslotte.dk/en; Mai–Sept. tgl. 10.00–17.00, sonst Di.–So. 10.00–17.00 Uhr), ferner die Repräsentationsräume von Königin Margrethe II. (Mai–Sept. tgl. 10.00–17.00, sonst Di.–So. 10.00–17.00 Uhr) und die königlichen Ställe (Mai–Okt. tgl. 13.30 bis 16.00, sonst Di.–So. 13.30–16.00 Uhr). 9 **Schloss Rosenborg** **TOPZIEL** (1606–1634) im Park Kongens Have – der grünen Oase aller Kopenhagener – entstand als Renaissance-Lustschloss für Christian IV. und zeigt heute u. a. die Kronjuwelen (Øster Voldgade 4a, www.kongernessamling.dk; Juni–Aug. tgl. 9.00 bis 17.00, Mai, Sept., Okt. tgl. 10.00–16.00, sonst Di.–So. 10.00–16.00 Uhr). 12 **Schloss Amalienborg** (um 1760) ist Wohnsitz der königlichen Familie (tgl. um 12.00 Uhr Wachwechsel). Das **Palais Christian VIII.** steht Besuchern offen und zeigt u.a. die Geschichte und Privatgemächer des Hauses Glücksburg (Amalienborg, www.kongernessamling.dk/amalienborg; Mai bis Okt. tgl. 10.00–16.00, sonst Di.–So. 11.00 bis 16.00 Uhr). Etwa 20 Minuten am Hafen entlang Richtung Norden geht man von hier bis zu Kopenhagens Wahrzeichen: Seit 1913 sitzt die Kleine Meerjungfrau auf einem Stein am Ufer der Langelinie; für die **Lille Havfrue** stand die Frau von Bildhauer Edvard Eriksen Modell. Der 7 **Rundetårn** (Runder Turm) von 1642 bietet von der Aussichtsplattform einen der schönsten Ausblicke auf Kopenhagens Zentrum und Umland (Købmagergade 52A, www.rundetaarn.dk; Mai–Okt. tgl. 10.00–20.00, sonst tgl. 10.00 bis 18.00 Uhr). Der 1843 eröffnete Vergnügungspark 5 **Tivoli**, einer der ältesten Familienparks der Welt, hat mehr als 30 historische und neue Fahrgeschäfte (Vesterbrogade 3, www.tivoli.dk; Mitte April–Ende Sept. So.–Do. 11.00 bis 23.00, Fr. und Sa. 11.00–24.00, zusätzl. Halloween Mitte Okt.–Anfang Nov. und Weihnachten „Jul i Tivoli" Mitte Nov.– 31. Dez.).

Kopenhagens Neues Schauspielhaus am Nyhavn (links); Luxushotel „Nimb" im Tivoli (rechts oben); Dänemarks Kronjuwelen in Rosenborg (rechts unten)

MUSEEN

Das 3 **Nationalmuseum** ist der perfekte Zugang zur Geschichte der Dänen – von den Jägern der Eiszeit über die Wikinger bis zum Haschischstand aus „Christiania" (Ny Vestergade 10, www.natmus.dk; Di.–So. 10.00–17.00, Do bis 20 Uhr). Das neue 4 **Københavns Museum** liegt in Rathausnähe und erläutert die Geschichte der Hauptstadt (Stormgade 18, https://cphmuseum.kk.dk; tgl. 9.00–18.00, Do. bis 21.00 Uhr). Das 10 **Statens Museum for Kunst** zeigt dänische und internationale Kunst von der Renaissance bis zur Gegenwart (Sølvgade 48–50, www.smk.dk; Di.–So. 11.00–17.00, Mi. 11.00 bis 20.00 Uhr). Die von Brauereierbe Carl Jacobsen gestiftete 2 **Ny Carlsberg Glyptotek** zeigt antike Skulpturen aus Ägypten, Rom und Griechenland sowie Meisterwerke von Rodin und Degas (Dantes Plads 7, www.glyptoteket.dk; Di.–So. 11.00–17.00 Uhr). Das 1 **Thorvaldsens Museum** ehrt mit Bertel Thorvaldsen (1770–1844) den größten Bildhauer des Landes (Slotsholmen, www.thorvaldsensmuseum.dk; Di.–So. 10.00–17.00 Uhr). Das 11 **Designmuseum Danmark** zeigt Möbel, Textilkunst, Silber, Glas und Alltagsdesign (Bredgade 68, www.designmuseum.dk; Di.–So. 11.00–17.00, Mi. 11.00–21.00 Uhr). Am Stammsitz der 6 **Brauerei Carlsberg** von 1847 informiert das Besucherzentrum über Biere (außerhalb des Cityplans, Gamle Carlsberg Vej 11, www.visitcarlsberg.dk; Di.–So. 10.00–17.00 Uhr).

HOTELS, CAFÉS UND RESTAURANTS

Das beste Haus am besten Platz der Stadt: Das **€ € € € Hotel d'Angleterre** bietet seit 250 Jahren Luxus mit Tradition und Eleganz (Kongens Nytorv 34, DK-1050 København K, Tel. 33 12 00 95, www.dangleterre.dk). Das nor-

Tipp

In den Tiefen der dänischen Meere

Was mich schon immer fasziniert hat, sind Dänemarks lange Küste und das Meer davor. Aber was bzw. wer lebt eigentlich im Wasser? Tolle Aquarien wie das Nordsøen Oceanarium in Hirtshals machen die Unterwasserwelt für alle sichtbar. Ein besonderes Highlight ist Den Blå Planet am Øresund in Kopenhagen-Kastrup: Der „Blaue Planet" ist Nordeuropas größtes Aquarium mit Süß- und Salzwasserbecken, in denen 20 000 Fische zu Hause sind. Hauptbereiche sind Europa, aber auch der Regenwald, afrikanische Seen und andere. Neben Robben, Seeottern oder Quallen sind auch Haie und Rochen zu entdecken. Krokodile, Reptilien und Schlangen gehören ebenfalls zu den Bewohnern. Sogar ein Streichelbecken gibt es.

15 **Den Blaa Planet,** Jacob Fortlingsvej 1, www.denblaaplanet.dk; Mo. 10.00–21.00, Di.–So. 10.00–17.00 Uhr

disch-schicke **€ € € Hotel Skt. Petri** liegt im historischen Studentenviertel (Krystalgade 22, DK-1172 København, Tel. 33 45 91 00, www.sktpetri.com). Vier persönlich-charmante Hotels der Gruppe **€ € € / € € Guldsmeden** gibt es in den In-Vierteln Østerbro und Vesterbro (Guldsmeden Axel, DK-1653 København V, Helgolandsgade 11, Tel. 33 31 32 66, https://guldsmedenhotels.com/axel-hotel-copenhagen-vesterbro). Das **€ Danhostel** am Hafen hat fünf Sterne und gehört zu den größten Jugendherbergen der Welt (H.C. Andersens Boulevard 50, DK-1553 København V, Tel. 33 11 85 85, https://danhostelcopenhagencity.dk/de).
Kopenhagens meiner Meinung nach besten Kaffee gibt es in den Filialen der kleinen, relaxten Cafékette **Riccos** („Stammhaus" Istedgade 119, zentral Rådhuspladsen 37, www.riccos.dk).
Kopenhagens Restaurants haben Weltruhm erlangt. Eine tolle Küche hat die Hausbrauerei **€ € / € Nørrebro Bryghus** (Ryesgade 3, Tel. 35 30 05 30, www.noerrebrobryghus.dk). Trendy und günstig isst man auf dem Street-Food-Markt **€ € / € Reffen** auf einem alten Werftgelände direkt am Hafen (Refshalevej 147A, 1432 Kopenhagen K, reffen.dk; April–Sept. tgl. 11.00 bis 22.00, Okt.–März Fr.–Sa. 11.00–22.00 Uhr).
Ein Klassiker in neuem Gewand sind die Bio- oder Veggie-Hotdogs von **DØP** an der Helligåndskirche auf Strøget (www.døp.dk).

UNTERHALTUNG
Drei Spielstätten, eine Weltbühne: 8 **Det Kongelige Teater** ist das dänische Staatstheater. Von seinen vier Sparten hat das Ballett sicher das meiste Renommee. Opernaufführungen gibt es im neuen Opernhaus (2005) am Hafen, das Schauspielhaus steht seit 2008 gegenüber an der Kvæsthusbroen (Kongens Nytorv, Kartentel. 33 69 69 69, www.kglteater.dk).
Kopenhagens Shopping-Herz schlägt auf **Strøget:** Zwischen Rathausplatz und Nytorv prägen internationale Läden das Bild. Typischer geht es zwischen Nytorv und Kongens Nytorv zu, Design und Handwerk findet man parallel zum Strøget in **Strædet**. Szenig sind die Läden im **Latinerkvarter**, in **Vesterbro** in der Isted- und Vesterbrogade samt Nebenstraßen. Spezialisten für Design, Möbel, Silber und Co. gibt es in der Bredgade ab Kongens Nytorv und in der Ravnsborggade in **Nørrebro** (www.ravnsborggade.dk).

UMGEBUNG
Das einem Schiff gleichende 16 **Kunstmuseum Arken** am Øresundufer zeigt moderne Kunst ab 1990 (20 km südwestl., Ishøj, Skovvej 100, www.arken.dk; Di.–So. 10.00–17.00, Mi. bis 21.00 Uhr). Das 13 **Karen Blixen Museum** widmet sich Werk und Leben der Schriftstellerin (1885–1962; 30 km nördl., Rungsted Strandvej 111, Rungsted Kyst, www.blixen.dk; Mai bis Aug. Di.–So. 10.00–17.00, Sept. Di.–So. 10.00 bis 17.00, sonst Mi.–Fr. 13.00–16.00, Sa.,So. 11.00–16.00 Uhr). Nördlich von Kopenhagen liegt im Wald von Jægersborg Dyrehave seit mehr als 430 Jahren der älteste Vergnügungspark der Welt: 14 **Dyrehavsbakken**, kurz Bakken. Zu ihm gehören neben 2000 frei lebenden Tieren rund 32 Fahrgeschäfte (18 km nördl., Dyrehave-vej 62, Klampenborg, www.bakken.dk; April–Aug. 12.00/14.00–22.00 Uhr).

INFORMATION
Wonderful Copenhagen, Copenhagen Visitor Service, Vesterbrogade 4A, DK-1620 Kopenhagen V, Tel. 70 22 24 42, www.visitcopenhagen.com

17 Helsingør

Helsingør (62 500 Einw.) mit seiner herrlichen Altstadt verdankt seine Bedeutung (Stadtrecht 1426) der Lage am Øresund: Handelsschiffe mussten hier ihren Sundzoll entrichten.

SEHENSWERT
Die kleine Festung „Krogen" wurde im 15./16. Jh. zum heute weltberühmten Schloss **Kronborg** (Kronborg 2C, www.kronborg.dk; Juni–Sept. tgl. 10.00–17.30, April, Mai, Okt. tgl. 11.00–16.00, sonst Di.–So. 11.00–16.00 Uhr). Attraktiv ist das Seefahrtsmuseum **M/S Museet for Søfart** (Ny Kronborgvej 1, www.mfs.dk; Juli, Aug. tgl. 10.00–18.00, sonst Di.–So. 11.00–17.00 Uhr).

HOTEL
Das **€ € € Strand- & Badehotel Marienlyst** verströmt Sommerflair (Nordre Strandvej 2, DK-3000 Helsingør, Tel. 49 21 40 00, www.marienlyst.dk).

UMGEBUNG
Das schönste Kunstmuseum Dänemarks liegt mit Blick auf den Øresund im kleinen **Humlebæk**: Im **Louisiana TOPZIEL** hängen moderne Klassiker von Picasso, Warhol u. a. (9 km südl.; Gammel Strandvej 13, Humlebæk, www.louisiana.dk; Di.–Fr. 11.00–22.00, Sa., So. 11.00 bis 18.00 Uhr). **Fredensborg** (um 1720), Sommersitz der königlichen Familie, gilt als dänisches Versailles; das Schloss ist im Sommer, der Park immer zugänglich (17 km westl.; Slottet 1B, Fredensborg, http://kongeligeslotte.dk; Juli–Mitte Aug. tgl. 13.00–16.30 Uhr).
Das Renaissance-Meisterwerk **Frederiksborg** (17. Jh.) birgt das Nationalmuseum (27 km westl.; Hillerød, www.dnm.dk; April–Okt. tgl. 10.00–17.00, sonst tgl. 11.00–15.00 Uhr).
Beliebter Ferienort an der „Dänischen Riviera" ist **Gilleleje** (30 km nordw.) mit Stränden wie Dronningmølle und Tisvildeleje (s. auch S. 57).

INFORMATION
Turistinspiration, Kulturværftet, Allégade 2, DK-3000 Helsingør, Tel. 49 21 13 33, 5www.visitnordsjaelland.dk

18 Roskilde

Roskilde (51 000 Einw.) ist reich an Geschichte. Für die Wikinger ein wichtiger Handelsplatz, war die Stadt bis 1443 Sitz der dänischen Könige. Der Dom ist Grabstätte des Königshauses.

SEHENSWERT
Der **Dom** aus rotem Ziegelstein (urspr. 12. Jh.) gehört zum UNESCO-Weltkulturerbe (Domkirkepladsen 3, https://roskildedomkirke.dk/; April–Sept. Mo.–Sa. 9.00–17.00, So. 12.30–17.00 Uhr, sonst kürzer).

Grab Margrethes I. im Roskilder Dom (oben); Steinkirchlein an Stevns Klint (unten)

20 km nördl. von Roskilde versenkten Wikinger um 1000 fünf Schiffe im Fjord – die Schiffe und Nachbauten bilden das Herz des **Wikingerschiffsmuseums** TOPZIEL (Vindeboder 12, www.vikingeskibsmuseet.dk; Mitte Mai–Aug. tgl. 10.00–17.00 Uhr, sonst kürzer). Ein Neubau für das Ende der 1960er erbaute Museum ist geplant.

RESTAURANTS
Am Hafen bietet das **€ € Restaurant Snekken** „Neue Nordische Wikingerküche" (Vindeboder 16, Tel. 46 35 59 16, http://snekken-trattoria.dk).

VERANSTALTUNG
Bis zu 100 000 Besucher jubeln Anfang Juli den internationalen Rockstars auf dem **Roskilde-Festival** (www.roskilde-festival.dk) zu.

UMGEBUNG
Im **Sagnlandet Lejre** werden Stein-, Eisen- und Wikingerzeit zu Living History (13 km südwestl.; Slangealléen, Lejre, www.sagnlandet.dk; Juli–Mitte Aug. tgl. 10.00–17.00, Mai, Juni, Mitte Aug.–Sept. Di.–So. 10.00–17.00 Uhr).
Beliebtes Event sind die **Wikingerspiele** in Frederikssund (28 km nördl.; Kalvøvej, Frederikssund, www.vikingespil.dk; Juni und Juli).

INFORMATION
Roskilde Turistbureau, Stændertorvet 1, DK-4000 Roskilde, Tel. 46 31 65 65, www.visitroskilde.dk

19 Slagelse

Die größte Stadt (78 000 Einw.) im Südwesten Seelands wurde bereits im 11. Jh. erwähnt.

SEHENSWERT
Die **Trelleborg** gilt mit 137 m Durchmesser als größte Wikingerburg Dänemarks (um 980; Trelleborg Allé 4, www.vikingeborgen-trelleborg.dk; Mai–Okt. Di.–So. 10.00–16.00 Uhr).

UMGEBUNG
Wahrzeichen der Küste von **Stevns Klint** ist das Gotteshaus Gammel Kirke Store Heddinge (Højerup, Store Heddinge, www.danischeostseeinseln.de; Sommer tgl. 9.00–17.00 Uhr).
Ein schönes Rokokoschloss ist **Gavnø Slot** (40 km südöstl. außerhalb der Karte, s. S. 94; Gavnø 2, Næstved, www.gavnoe.dk; April–Okt. tgl. 10.00–16.00 Uhr). In **Vordingborg** (60 km südöstl. außerhalb der Karte, s. S. 94) blieb von der einst größten Königsburg des Landes der Gåsetårnet (Gänseturm; ca. 1360). Danmarks Borgmuseum ist ein Erlebniszentrum zum Thema Burgen (Slotsruinen 1, www.danmarksborgcenter.dk; Juli–Aug. tgl. 10.00–17.00, April bis Juni, Sept.–Mitte Okt. Di.–So. 10.00–16.00 Uhr).

INFORMATION
VisitVestsjælland, Løvegade 7, DK-4200 Slagelse, Tel. 70 25 22 06, https://destinationsjaelland.dk
Vordingborg Turistinformation, Slotsruinen 1, DK-4760 Vordingborg, Tel. 55 34 11 11, www.sydkystdanmark.dk

JA NATÜR LICH

PADDELTOUR MIT SCHLOSSBLICK

Mit seinen vielen Kanälen und seinem Hafen ist Kopenhagen wie gemacht für Entdeckungstouren auf dem Wasser. Auf Kajakausflügen hat man ungewöhnliche Perspektiven auf Sehenswürdigkeiten wie Schloss Christiansborg und die Oper. Paddeln kann man allein oder mit einem lokalen Guide.

Auch am Kopenhagener Opernhaus paddeln die Teilnehmer einer Kajaktour vorbei.

Auch Großstadtabenteurer brauchen Sicherheit: Vor dem Ablegen geben Ole Agnholt Markdal und sein Team Hinweise zum Umgang mit dem Boot, und es wird die Schwimmweste angelegt – erst dann geht es hinaus aufs Wasser. Und bald schon ziehen am Ufer Fachwerkhäuser, Segelschiffe und Kopenhagens berühmter „Freistaat" Christiania vorbei. Stabil liegen die Einer- oder Zweier-Kajaks auf der fast spiegelglatten Wasseroberfläche. Erst als es hinausgeht auf den offeneren Hafen, wirft leichter Wind sanfte Bewegung aufs Wasser. Jetzt kommen die Neue Oper, das gegenüberliegende Schauspielhaus und gleich um die Ecke die Flaniermeile Nyhavn in den Blick. Ab und an kreuzt eine gelbe Hafenfähre den Weg – davon abgesehen ist Kopenhagens Hafen längst schifffrei. Wer bis zur Kleinen Meerjungfrau hinausfahren möchte, sollte ordentlich Kondition haben. Näher liegt da eine Umrundung der Schlossinsel mit Christiansborg, Folketing und Königlicher Bibliothek. Nach drei Stunden sind die Paddler zurück in Christianshavn – erschöpft, aber um einige unvergessliche Ausblicke reicher.

Ausflüge mit **Kajak-Ole** beginnen am Strandvej in Christianshavn (Havkajakvej 2, DK-2300 København S, Tel. 40 50 40 06, www.kajakole.dk). Die **Kayak Republic** liegt an der Knippelsbro in der City (Kayak Republic, Børskaj 12, DK-1221 København K, Tel. 22 88 49 89, www.kayakrepublic.dk). Sommerliche Schiffstouren veranstalten **Canal Tours Copenhagen** (www.stromma.dk; Abfahrt Gammel Strand) und **Netto-Booten** (www.havnerundfart.dk; Abfahrt Holmens Kirke oder Nyhavn).

Fünen und die Inseln

*

RUND UM DÄNEMARKS SÜDSEE

*

Dänemarks größter Märchendichter, eines der schönsten Segelreviere des Nordens, bewohnte und unbewohnte Inseln in der dänischen Südsee und ein Tunnel, der in wenigen Jahren in Europas Zukunft führt – Fünen und die dänischen Ostseeinseln bersten fast vor Möglichkeiten.

Rügens kleine Schwester: Møns Kreidefelsen zeigen deren geologische Verwandtschaft mit der deutschen Insel.

Vielgestaltiger geht es kaum: Schloss Egeskov hat für jeden Geschmack etwas im Angebot (oben links und rechts, unten rechts). Valdemar Slot auf Tåsinge ist mit 21 prachtvollen Sälen und Gemächern eines der größten Schloss- und Herrenhofmuseen des Landes (unten links).

Vor den Toren Faaborgs kann man sich im renommierten „Falsled Kro" verwöhnen lassen.

Das H. C. Andersen-Festival in Odense hat vielerlei Facetten – hier eine musikalische Märchenpräsentation.

In der Mitte liegt Fünen. Dänemarks „grünes Herz", wie Marketingfachleute die Insel gern nennen, wirkt an vielen Stellen wie ein Dänemark im Kleinformat. Insel? Ja, die Heimat von Dänemarks großem Märchenfürsten Hans Christian Andersen ist auch im 21. Jahrhundert eine Insel geblieben – auch wenn sie mit ihren Brücken nahezu landfest wirkt.

Doch rundum ist Meer. Sportangler aus ganz Europa schätzen die Reviere rund um Fünen als einen der besten Gründe für den Fang von Meerforellen. Noch größer ist der hervorragende Ruf, den Fünen unter Seglern genießt. Denn gleich im Süden vor den Hafenorten Fåborg und Svendborg liegt das südfünische Inselmeer. Kenner schätzen das passenderweise auch „Dänische Südsee" genannte Wassersportdorado.

Hier im Süden stehen so viele Herrenhöfe und Schlösser wie sonst nirgendwo im Königreich – mehr als 120 sollen es sein. Zu den schönsten zählen Schloss Valdemar auf Tåsinge, Schloss Nyborg im Osten Fünens und, allen voran, Schloss Egeskov.

MÄRCHENSTADT MIT CITYFLAIR

Kunst, Kultur und eine nordisch-lässige Mischung aus dänischem Kleinstadtcharme und europäischem Cityflair umweht Besucher in Odense. Der einst von Werften und Industrie geprägte Fjordanrainer hat den schwierigen Sprung zur Dienstleistungs- und Universitätsstadt geschafft – während ehemalige Arbeitsplatzgaranten wie die frühere Lindø-Werft im nahen Munkebo statt einst Tausende heute als Reparaturbetrieb lediglich noch wenige Hundert Menschen beschäftigt.

Doch zurück nach Odense, das in einigen Winkeln noch wirkt wie zu Lebzeiten seines großen Sohnes: Hans Christian Andersens Spuren folgen junge und alte Märchenfreunde vor allem in Andersens Geburtshaus in der Gasse Bangs Boder, das heute ein interaktives Museum beherbergt.

Svendborgsund-Blick genießt man beispielsweise vom Dampfer „Helge“ (oben links). Nykøbings Mittelalterzentrum macht ein Zeitreiseangebot für jedermann (oben rechts). Im Marstaler Hafen kann man Ærø-Fischer bei der Arbeit zuschauen (unten links). Einfach „hyggelig“: Bilderbuch-Gasse in Ærøskøbing.

DICHTER-REFUGIEN

Noch heute mutet das Leben des dänischen Nationaldichters (1805–1875) an wie die Entwicklung vom hässlichen Entlein zum stolzen Schwan in dem Märchen aus seiner Feder. Andersen wuchs in seiner Heimatstadt in ärmlichen Verhältnissen auf. Im Alter von 14 Jahren reiste er nach Kopenhagen – im Gepäck den Traum von einer Karriere am Theater. Doch Andersen erhielt ein Stipendium für die Lateinschule im seeländischen Slagelse – die Geburt eines großen Schriftstellers.

Der Poet war Zeit seines Lebens rastlos, hatte nie ein eigenes Zuhause, heiratete nie und blieb kinderlos. Als gern gesehener Gast schmückte Andersen dänische Guts- und Herrenhöfe. Der „größte Däne aller Zeiten“, so die Leser der Tageszeitung Berlingske Tidende, starb mit 70 Jahren an Leberkrebs. Sein Grab liegt auf dem Assistens Kirkegård in Kopenhagen.

»REISEN HEISST LEBEN« UND »DAS LEBEN IST DAS SCHÖNSTE MÄRCHEN«, FAND HANS CHRISTIAN ANDERSEN.

Auch einem deutschen Dichter wurde Fünen auf seiner Lebensreise zur Zuflucht. Bertolt Brecht (1898–1956) verlebte nach der Machtergreifung der Nationalsozialisten sechs Jahre seines Exils von 1933 bis 1939 hier. Unvergessen sind die „Svendborger Gedichte“ aus dem Jahr 1938: „Geflüchtet unter das dänische Strohdach, Freunde/Verfolg ich euren Kampf…“

VOM RAND INS ZENTRUM

Weiter östlich liegt Lolland, via „Vogelfluglinie“ Puttgarden–Rødby nur 45 Minuten von Deutschland entfernt. Noch – denn vermutlich um 2030 herum soll der neue, rund 18 Kilometer lange Fehmarnbelttunnel Auto- und Zugfahrer in nur zehn Minuten von Fehmarn nach

In Nordeuropas größtem Safaripark Knuthenborg scheint Dänemark ganz weit weg.

Hautnah – dieser Begriff ist in Knuthenborg ganz sicher angebracht.

Møns Klint mit seiner Kreideküste reizt zu einem Spaziergang am Wasser – doch Vorsicht vor Steinschlag und Felsrutschen!

Lolland oder in die Gegenrichtung bringen. Eines der größten Verkehrs- und Bauprojekte Europas wird Lolland von einer dänischen Provinzregion mitten hinein in die Europäische Union katapultieren. Doch nicht nur in Lolland sind Kritiker sich immer noch unsicher, ob am Ende nicht eher die Metropolen Kopenhagen und Hamburg vom Milliardenbau profitieren – und nicht die zum Transitbereich degradierte Insel.

Dabei hat das touristisch gern übersehene Lolland einiges zu bieten. Besonders Norddeutsche nutzen aufgrund der kurzen Anreise die breiten Strände im Süden. Ein besonderer Tipp sind die kleinen Inseln im Smålandsfahrwasser nördlich von Lolland: Fejø, Femø und Askø gelten mit ihren Apfel- und Birnenplantagen als Obstgärten des Königreichs.

Auf dem benachbarten Falster liegt übrigens eines der ersten Feriengebiete des Landes: Der 20 Kilometer lange Sandstrand machte den Badeort Marielyst schon vor über 100 Jahren zu einem Sehnsuchtsziel für gestresste Kopenhagener Großstädter. Im Sommer sind die kinderfreundlichen, sanften Strände fest in Familienhand.

ATTRAKTION AUS KALK

Eine der bekanntesten Inseln Dänemarks ist Møn. Das hat zwei Gründe: Kalk und Kirchen. Da sind zum einen die Kreidefelsen von Møns Klint – rund sechs Kilometer lang ist die Steilküste, unter der milchig-blauweißes Wasser schimmert. Treppen führen hinunter, und wer beim Strandspaziergang die Augen aufhält, hat gute Chancen, Versteinerungen zu finden.

Berühmtheit erlangte Møn aber vor allem durch Kalkmalereien in seinen Kirchen, etwa in Stege in der Sankt-Hans-Kirche. Als herausragender aber gelten die mittelalterlichen Gemälde in den Gotteshäusern Fanefjord Kirke und Elmelunde Kirke, vermutlich aus der Hand vom namentlich unbekannten „Meister von Elmelunde“. Sie gehören zu Dänemarks größten Kulturschätzen.

Fehmarnbelttunnel

SCHNELLER NACH SÜDEN

Die feste Querung über den Fehmarnbelt zwischen Dänemark und Deutschland wird mit fast 18 Kilometern Länge der längste Absenktunnel der Welt sein. Die ursprünglich für das Jahr 2024 geplante Eröffnung wird sich allerdings verzögern …

Der politische Beschluss zu einer Querung über den Fehmarnbelt ist schon 2008 gefallen, als Dänemark und Deutschland den Staatsvertrag zum Bau unterschrieben. Dennoch wird vor allem auf deutscher Seite zwischen Fehmarn und Lübeck immer noch heftig über Sinn und Unsinn, negative und positive Aspekte des für Jahrzehnte größten Bauwerks in Nordeuropa diskutiert. In Rødby auf Lolland haben die vorbereitenden Bautätigkeiten schon begonnen. Die Fakten in Kürze: Die Fehmarnbeltquerung zwischen Lolland und Fehmarn war zunächst vom Bauherrn Femern A/S – einer dänischen Staatstochter – als Brücke geplant. Prüfungen auf Umweltverträglichkeit und andere Überlegungen führten zum Umdenken. Nun soll die direkte Trasse zwischen Dänemark und Deutschland als Absenktunnel verwirklicht werden. Der Femernbælttunnel – so sein dänischer Name – wird 18,1 Kilometer lang sein und Straße mit Schiene kombinieren. Eine der längsten Unterwasser-Tunnelfahrten für Autofahrer weltweit soll auf der „Vogelfluglinie", wie die Fährlinie zwischen Puttgarden auf Fehmarn und Rødbyhavn auf Lolland heißt, verlaufen. Allerdings wird der Tunnel die Tag und Nacht pendelnden Fähren nicht ersetzen: Die Reederei Scandlines wird weiter fahren.

Offizieller Baubeginn soll 2021 sein. Die meisten Arbeiten werden in Dänemark erfolgen, das dieses Projekt laut Staatsvertrag auch komplett bezahlt: In der Nähe von Rødbyhavn werden die einzelnen Absenkelemente gefertigt, von dort hinaus auf die Ostsee geschleppt und Stück für Stück aneinandergereiht. 2030 könnten, so der Stand, alle Arbeiten abgeschlossen sein. Dann sollen Auto- und Bahnreisende zwischen Deutschland und Dänemark vor allem Zeit sparen: Rund zehn Minuten wird die Fahrt durch den Tunnel dauern – eine Dreiviertelstunde weniger als die Fährfahrt.

ALS SEI ES EIN FERNES PROJEKT

Ist der kommende Fehmarnbelttunnel nun sinnvoll oder nicht? Glaubt man Planern und politischen Willensträgern: eindeutig ja. Schon im ersten Jahr würden täglich durchschnittlich 8000 Fahrzeuge durch die Röhre fahren. Fünf Jahre später sollen es jeden Tag schon 10 800 sein. In Sachen Wirtschaftlichkeit geht man davon aus, dass dieses Niveau mindestens gehalten wird. Hinzu kämen täglich 40 Personen- und 78 Güterzüge.

Vor allem deutsche Kritiker wenden ein, dass man in Deutschland für diese Nutzerzahlen nicht einmal eine Ortsumgehung bauen würde – geschweige denn mehr als sieben Milliarden Euro investieren. So viel soll der Fehmarnbelttunnel nämlich nach den 2015 erfolgten Berechnungen maximal kosten. Bezahlt werden sollen diese Ausgaben aus den späteren Mauteinnahmen. Sicher ist, dass die Wirtschaftsräume um Kopenhagen, in Südschweden sowie die Region Hamburg profitieren werden.

Verblüffenderweise hatte man in Deutschland noch oft den Eindruck, als ginge es beim Fehmarnbelttunnel nicht um ein bereits beschlossenes Bauprojekt. Während Dänemark schon eifrig investierte und baute, lagen noch viele Einsprüche vor. Immerhin: Die Regionen zwischen Lübeck und Fehmarn und ihre dänischen Partner auf Lolland, Falster und Seeland haben sich schon vor einiger Zeit zusammengetan, um als grenzüberschreitende Destination Fehmarnbelt auf sich aufmerksam zu machen. Das ist sicher eine gute Idee. Und: Die Deutsche Bahn plant, zwischen Fehmarn und Lübeck entlang der Autobahn A1 eine neue zweigleisige elektrifizierte Strecke zu bauen. Im November 2020 hat das Bundesverwaltungsgericht alle Klagen abgewiesen. Der Tunnel kann nun gebaut werden und soll 2029 fertig sein.

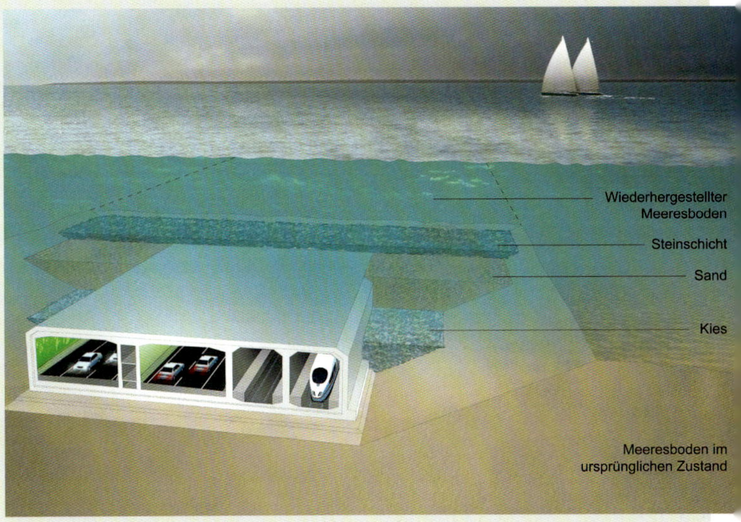

Die Grafik zeigt einen Querschnitt durch eines der Tunnelsegmente. Die Femern AS war auch schon für den Bau der Øresund-Querung (Foto links) verantwortlich.

Informationen

In Rødbyhavn – und auf deutscher Seite in Puttgarden – gibt es ein Infocenter unweit des geplanten Tunnels: Femern A/S Infocenter Rødbyhavn, Vestre Kaj 50c, Rødby, www.femern.de, Mo. und Mi. 12.00–16.00 Uhr.

KØBENHAVN
MALMÖ
SVERIGE
DEUTSCHLAND
ODENSE
Horsens
Fredericia
Kalundborg
Holbæk
Roskilde
Frederikssund
Hillerød
Helsingør
Hørsholm
Landskrona
Gentofte
Kongens Lyngby
Ballerup
Taastrup
Hedehusene
Greve Strand
Solrød Strand
Køge
Køge Bugt
Ringsted
Sorø
Slagelse
Korsør
Nyborg
Svendborg
Næstved
Vordingborg
Nykøbing F
Nakskov
Maribo
Rudkøbing
Ærøskøbing
Marstal
Kerteminde
Sønderborg
Kappeln
Eckernförde
Dragør
Amager
Samsø
Samsø Bælt
Sjælland
Fyn
Langeland
Lolland
Falster
Møn
Ærø
Als
Fehmarn
Stevns
Stevns Klint
Møns Klint
Faxe Bugt
Hjelm Bugt
Karrebæksminde Bugt
Smålandsfarvandet
Knudshoved Odde
Storebælt
Langelandsbælt
Lillebælt
Femern Bælt
Fehmarnbelt
Kieler Bucht
Rødsand
OSTSEE
Isefjord
Jammerland Bugt
Musholm Bugt
Hindsholm
Egeskov
Valdemarsslot
Tranekær Slot
Nordborg Slot
Kong Humbles Grav
Nysø (Thorvaldsen-Mus.)
Nationalpark Vorpommersche Boddenlandschaft
Maßstab 1:800.000
0
10km
1
2
3
4
5
5
6

UNTERWEGS IN DER DÄNISCHEN INSELWELT

Das dänische Inselmeer besitzt unzählige bewohnte und unbewohnte Inseln, große wie Fünen mit seiner „märchenhaften“ Hauptstadt Odense und kleine, in deren mildem Mikroklima die Obstbäume blühen. Gründe genug fürs Insel-Hopping bieten sie alle.

1 Odense

Dänemarks drittgrößte Stadt (201 000 Einw.) lebt heute von Dienstleistung, Verwaltung und Ausbildung an der Syddansk Universitet. Historische Atmosphäre hat das 988 erstmals erwähnte Odense im Altstadtviertel um Overgade und Nedergade bewahrt.

SEHENSWERT

Im gotischen Dom **Sankt Knuds Kirke** liegen vier Könige begraben, darunter der hl. Knud. 1086 von Bauern erschlagen, wurde Odense nach Knuds Heiligsprechung Wallfahrtsort (Klosterbakken 2; April–Okt. Mo.–Sa. 10.00 bis 17.00, So. 12.00–16.00 Uhr, sonst kürzer). Von der Kleiderfabrik zum Kulturzentrum: **Brandts** bietet Galerien, Kinos und Museen wie Brandts Samling (Brandts Torv 1, www.brandts.dk; Di. bis So. 10.00–17.00, Do. 12.00–21.00 Uhr). Eines der schönsten Freilichtmuseen des Landes ist **Den Fynske Landsby**: Im Fünen-Dorf wird zwischen Bauernhäusern, Haus- und Hoftieren das 19. Jh. wieder lebendig (Sejerskovvej 20, https://denfynskelandsby.dk/en; Juli–Mitte Aug. tgl. 10.00–18.00, April–Juni und Mitte Aug.–Mitte Okt. Di.–So. 10.00–17.00 Uhr).

MUSEEN

Odense verdankt seinen „märchenhaften“ Ruf **Hans Christian Andersen** (1805–1875). In dessen Geburtshaus in der Altstadt liegt das neue Erlebnismuseum rund um Andersens Märchenwelt, das auch das Kinderkulturhaus „Fyrtøjet“ mit einbezieht (Bangs Boder 29, https://hcandersensodense.dk).
Andersens Kindheitshaus lässt staunen, wie bescheiden seine Familie einst wohnte (H. C Andersensbarndomshjem, Munkemøllestræde 3, https://hcandersensodense.dk; Juli und Aug. tgl. 10.00–17.00, sonst Di.–So. 10.00–16.00 Uhr). Das **Eisenbahnmuseum** zeigt Züge, Fähren, Modellbahnen u. a. aus 150 Jahren (Danebrogsgade 24, www.jernbanemuseum.dk; tgl. 10.00–16.00 Uhr).

AKTIVITÄTEN

Mit den **Stadträdern** kann man Odense gut entdecken (www.cibi.dk). Eine **Bootstour** auf der Odense Å zeigt Parks, Hinterhöfe und Sehenswürdigkeiten von einer stillen Seite (Filosofgangen, www.aafart.dk; Mai–Aug.).

Svendborgs Hafen mit der Ærø-Fähre (links); Rathausfassade in Odense anlässlich des H. C. Andersen Festivals im August (rechts)

HOTELS UND RESTAURANTS

Mit Blick auf den Kleinen Belt liegt das renommierte **€ € € Kongebrogården** (Kongebrovej 63, DK-5500 Middelfart, Tel. 63 41 63 41, www.comwellkongebrogaarden.dk; auch Restaurants).
Zentral findet sich das **€ € / € Hotel Domir** (Hans Tausens Gade 19, DK-5000 Odense C, Tel. 66 12 14 27, www.domir.dk).
Eine klassisch-dänische Speisekarte bietet das **€ € Restaurant Den Grimme Ælling** im Altstadtviertel von Odense (Hans Jensens Stræde 1, Tel. 65 91 70 30, www.grimme-aelling.dk).

UMGEBUNG

Im Erlebnis- und Forschungscenter Fjord & Bælt in **Kerteminde** dreht sich (fast) alles um den Schweinswal (20 km östl.; Margrethes Plads 1, Kerteminde, www.fjordbaelt.dk; Juli und Aug. tgl. 10.00–17.00, Feb.–Juni, Sept. bis Nov. Di.–So. 10.00–16.00 Uhr).
Schloss **Nyborgs** (urspr. 1170) ist wegen Renovierung bis 2023 nur von außen zu besichtigen (35 km östl; Slotsgade 84, www.nyborgslot.dk).
Middelfart (55 km westl.; 15 000 Einw.) besitzt charmante Hafenatmosphäre, gemütliche Altstadtgassen und Danmarks Keramikmuseum CLAY (Kongebrovej 42, claymuseum.dk; Di.–So. 10.00–17.00, April–Sept. Mi bis 20 Uhr). Im 19. Jh. war Middelfart ein Hauptort der Waljäger – heute gehen Touristen vom Hafen aus auf Walsafari (u. a. mit der „Mira 3“, www.mira3.dk).

INFORMATION

VisitOdense, Vestergade 2, DK-5000 Odense C, Tel. 63 75 75 20, www.visitodense.com

2 Svendborg

In Svendborg (27 000 Einw.) dreht sich seit Jahrhunderten alles um Hafen und Seefahrt. Dänemarks größtes Unternehmen, die Reederei Møller–Mærsk, hat hier seine Wurzeln.

MUSEEN

Svendborgs ältestes Haus, **Anne Hvides Gård** (1560) in der Fruestræde 3, war lange Stadt- und Heimatmuseum, das nun im früheren Armenhaus zu Hause ist (Grubbemøllevej 13, www.svendborgmuseum.dk; Mitte Feb.–Mitte Dez. Di.–So. 10.00–16.00 Uhr). Groß und Klein fasziniert das **Naturama** mit Panoramen, die die nordische Tierwelt realistisch wiedergeben (Dronningemaen 30, www.naturama.dk; Feb. bis Dez. Di.–So. 10.00–16.00, in den dän. Schulferien tgl. 10.00–17.00 Uhr).

HOTELS UND RESTAURANTS

Das familienfreundliche **€ € Hotel Troense** bietet Atmosphäre mit Blick auf Sund und Insel Thurø (Strandgade 5, DK-5700 Svendborg, Tel. 62 22 54 12, www.hoteltroense.dk).

Am Strand von Marielyst auf Falster (links); Kalkmalereien in der Elmelunder Kirche (rechts)

Vor den Toren Faaborgs liegt eines der renommiertesten Restaurants Dänemarks: Im **€ € € € / € € € Falsled Kro** kocht Kasper Hasse nordisch mit internationalem Esprit (Assensvej 513, DK-5642 Millinge nordwestl. von Faaborg, Tel. 62 68 11 11, www.falsledkro.dk). Das **€ € Restaurant Svendborgsund** am Svendborger Hafen besitzt viel Atmosphäre und eine gute Küche (Havnepladsen 5, Tel. 62 21 07 19, www.restaurantsvendborgsund.dk).

AKTIVITÄTEN

Ein nostalgisches Erlebnis sind **Törns** mit dem 1924 in Svendborg gebauten Dampfer „Helge" (ab Jessens Mole im Hafen, Fahrplan/Buchung Tel. 62 23 30 80, www.mshelge.dk). **Tages- und stimmungsvolle Abendtörns** mit den 100 Jahre alten Seglern „Meta" und „Mjølner" bietet das Maritimt Center Danmark (Havnepladsen 2, Tel. 62 23 69 52, www.maritimtcenter.dk).

Tipp

Auf zu versunkenen Schätzen!

Experten schätzen, dass im Meer vor Dänemarks Küsten etwa 10 000 Wracks liegen. Doch Vorsicht, die Gefahren sind oft groß! Ein sicheres Taucherlebnis bietet die „M/F Ærøsund": Die Fähre wurde 2014 im Südfünischen Inselmeer vor Svendborg kontrolliert versenkt, um als attraktives Unterwasserziel zu dienen. Markiert ist sie mit zwei gelben Ankerbojen. In zwischen sechs und 19 Metern Tiefe ist seitdem auf dem Meeresboden eines der interessantesten künstlichen Riffe des Nordens entstanden. Wer hin möchte, taucht auf eigene Verantwortung. Und das Autodeck ist tabu!

INFORMATION

www.dyk-sydyn.dk, Tel. 30 43 29 35, Position N55° 02.100' und E10° 27.400'

UMGEBUNG

Valdemar Slot (um 1640) auf Tåsinge ist eines der größten Schlossmuseen des Landes (9 km südl.; Slotsalléen 100, www.valdemarsslot.dk; Juni–Aug. tgl. 10.00–17.00/19.00, April, Mai, Sept., Okt. Sa., So. 10.00–17.00 Uhr; stilvolles Schlossrestaurant).

Auf 1000 Eichenpfählen ruht seit bald 500 Jahren das vielleicht schönste Schloss des Landes: **Egeskov TOPZIEL** besitzt u. a. einen herrlichen Garten sowie ein Oldtimer-, Motorrad- und Feuerwehrmuseum (20 km nördl.; Egeskov Gade 18, Kværndrup, www.egeskov.dk; Juni–Mitte Aug. tgl. 11.00–19.00, Juli 10.00 bis 19.00, Mitte April–Mai und Mitte Aug.–Mitte Okt. tgl. 11.00–17.00 Uhr).

Eine Entdeckung in **Faaborg**: Das Faaborg Museum zeigt Werke der um 1900 aktiven „Fünen-Maler" um Johannes Larsen (Grønnegade 75, www.faaborgmuseum.dk; Juli–Aug. Di.–So. 10.00–17.00, Sept.–Juni Di.–So. 11.00–16.00 Uhr).

INFORMATION

VisitSvendborg, Havnepladsen 2, DK-5700 Svendborg, Tel. 62 23 69 51, www.visitsvendborg.dk

3 Ærø

Mit Wiesen, Wäldern und den Orten Ærøskøbing und Marstal gehört die Moräneninsel (7000 Einw.) im Kleinen Belt zu den schönsten Flecken des Landes. Nachhaltig ist sie auch: Hier verkehrt Dänemarks erste Elektrofähre (www.aeroe-ferry.dk/da), Busfahren ist kostenlos.

SEHENSWERT

Ærøskøbing TOPZIEL (1000 Einw.), reich an Fachwerk, ist die am besten erhaltene mittelalterliche Stadt des Königreichs. Die Altstadt steht größtenteils unter Denkmalschutz. Skurril ist die Sammlung von Buddel- und Modellschiffen (Smedegade 22, www.flaskepeters-samling.dk; Juli, Aug. tgl. 10.00–16.00, Mai und Juni und Sept. 11.00–15.00 Uhr).

In **Marstal** (2400 Einw.) erinnert das Søfartsmuseum an Ærøs große Zeit als Handels- und Werftenmacht (Prinsensgade 1, www.marmus.dk; Juni– Aug. tgl. 9.00–17.00, April, Mai, Sept. und Okt. tgl. 10.00–16.00 Uhr, sonst kürzer).

HOTEL UND RESTAURANT

Das **€ € Ærøhus** bietet Zimmer, Apartments und ein Restaurant (Vestergade 38, DK-5970 Ærøskøbing, Tel. 62 52 10 03, www.aeroehus.dk).

INFORMATION

Ærø Turistkontor, Ærøskøbing Havn 4, DK-5970 Ærøskøbing, Tel. 62 52 13 00, www.ærø.dk

4 Langeland

Langeland (12 500 Einw.) ist mit Sandstränden, Steilküsten und Wäldern typisch Dänemark.

SEHENSWERT

In Langelands Hauptstadt **Rudkøbing** lohnt ein Bummel durch die Altstadt mit der Stadtmühle (1820). Das **Langelandsmuseum** entführt in die maritime Vergangenheit der Insel (Jens Winthers Vej 12, www.langelandsmuseum.com; Juli, Aug. Mi.–Fr. 12.00–16.00, Sa. 10.00–14.00, April–Juni und Sept.–Dez. Di.–Fr. 12.00–16.00, Sa. 10.00–14.00, Jan.–März geschl.). Nördl. von Rudkøbing liegt **Schloss Tranekær** (urspr. 13. Jh.), dessen englischer Park zugänglich ist (Slotsgade 86, www.tranekaergods.dk).

AKTIVITÄTEN

Langeland ist Ausgangspunkt für **ein- und mehrtägige Touren auf der Ostsee** – mit dem Seekajak oder der Smakke-Jolle. Øhavets Smakkecenter baut die Jollen, vermietet sie und veranstaltet Törns (Strynø Brovej 12, Rudkøbing, Tel. 50 98 13 06, www.smakkecenter.dk).

INFORMATION

Langeland, Torvet 5, DK-5900 Rudkøbing, Tel. 62 51 35 05, www.langeland.dk

5 Lolland und Falster

Beide Inseln sind landwirtschaftlich geprägt. Größte Stadt ist Nykøbing Falster (16 800 Einw.). Mehr als 20 km lang sind die Sandstrände von Marielyst auf Falster (s. auch S. 57).

SEHENSWERT

In der historischen Königs- und Klosterstadt **Nykøbing F.** (1231 erwähnt) übernachtete 1716 Zar Peter der Große im nach ihm benannten

WIESEN, WÄLDER UND HAFENORTE, SANDSTRÄNDE, STEILKÜSTEN UND KREIDEFELSEN – AUF DÄNEMARKS OSTSEEINSELN FINDET JEDER SEIN IDYLL.

Czarens Hus (Færgestræde 1a). Ritterturniere, Steinschleudern, aber auch Handel und historische Speisen und Getränke im „Goldenen Schwan" lassen im **Mittelalterzentrum** die Vergangenheit lebendig werden (Ved Hamborgskoven 2, www.middelaldercentret.dk; Mai bis Sept. 10.00–16.00, Juli Mi. 10.00–20.30 Uhr).

HOTELS UND RESTAURANTS

Das **€ € € / € € Bandholm Hotel** besitzt Meerblick und Restaurant (Havnegade 37, DK-4941 Bandholm, Tel. 54 75 54 76, www.bandholmhotel.dk). Starkoch Claus Meyer vereint Sterneküche mit preiswertem Wohnen im **€ € Hotel Saxkjøbing** (Torvet 9, DK-4990 Sakskøbing, Tel. 54 70 40 39, www.hotel-saxkjobing.dk).

AKTIVITÄTEN

Lollands Schlechtwetterattraktion ist das Erlebnisbad **Lalandia** (Lalandia Centret, Rødby, Tel. 54 61 05 05, www.lalandia.dk; Mo.–Sa. 13.00 bis 19.00, So. 10.00–15.00 Uhr). Die **Museumsbahn Maribo–Bandholm** ist ein hübscher Oldtimerzug (Stationsvej 10, Bandholm, www.museumsbanen.dk; Juni–Aug. Mi., Do., So.).

UMGEBUNG

Im **Knuthenborg Safaripark** leben auf 600 ha mehr als 1000 Löwen, Zebras, Antilopen und andere Exoten (Knuthenborg Allé, Maribo, www.knuthenborg.dk; Kernzeit April–Mitte Sept. tgl. 10.00–17.00, Juli 10.00–18.00 Uhr). **Fuglsang** zeigt Kunst von 1780 bis 1960 (Nystedvej 71, Toreby, www.fuglsangkunstmuseum.dk; Juni–Aug. tgl. 11.00–17.00, April, Mai, Sept. und Okt. Di.–So. 11.00–16.00, sonst Mi.–So. 11.00–16.00 Uhr).

INFORMATION

Nykøbing Falster Turistbureau, Færgestræde 1a, DK-4800 Nykøbing Falster, Tel. 54 85 13 03, www.visitlolland-falster.dk

6 Møn

Die Steilküste Møns Klint im Osten von Møn gehört zu den Naturattraktionen schlechthin: Die Kreidefelsen mit Fossilieneinschlüssen erstrecken sich über 7 km und sind bis zu 128 m hoch.

SEHENSWERT

Größter Ort auf Møn ist **Stege** (4000 Einw.), dessen Wahrzeichen das Mühlentor (Mølleporten, 14. Jh.). Stege Kirke (15. Jh.), Keldby Kirke (östl.) und Elmelunde Kirke 8 km östl. (um 1080; Leonora Christines Vej 1, www.keldbyelmelundekirke.dk; tgl. 8.00–15.45/16.45 Uhr) sind bekannt für mittelalterliche Kalkmalereien.
Den schönsten Blick auf **Møns Klint** TOPZIEL (s. auch S. 57) hat man vom Wasser; die „Discovery" fährt tgl. hinaus (16 km östl.; Klintholm Havneby, Borre, www.sejlkutteren-discovery.dk).

INFORMATION

Touristinformation Møns Museum, Empiregaarden, Storegade 2, DK-4780 Stege, Tel. 52 24 63 88, www.danischeostseeinseln.de

JA NATÜR LICH

DÄNEMARKS WALEN GANZ NAH

Middelfart am frühen Morgen. Kurz nachdem unsere Besuchergruppe die Reling der „Aventura" überwunden hat, steigt an Bord des Kutters die Spannung – werden wir sie sehen? Oder bleiben sie heute unter Wasser und für uns Naturfans aller Generationen unsichtbar? Eine Garantie, Dänemarks einzige heimische Wale auch wirklich zu sichten, gibt es nämlich nicht. Doch das Gewässer ist ideal für eine Schweinswalsafari: Nirgendwo auf der Welt gibt es laut Experten mehr Schweinswale als im Lillebælt, dem Kleinen Belt zwischen Fünen und Jütland. Hunderte sollen es in der Meerenge sein.

Glück gehabt: Schweinswale tauchen auf.

Insgesamt gibt es von den bedrohten Tümmlern rund um Dänemarks Küsten je nach Schätzungen bis zu 20 000 Exemplare. Doch der Lebensraum der bis zu 1,9 Meter langen und durchschnittlich 60 bis 90 Kilogramm schweren Kleinwale wird durch Fischerei, Schifffahrt, aber auch durch Offshore-Windparks und andere menschliche Eingriffe in die Natur immer kleiner. Immerhin dürfen Schweinswale anders als früher nicht mehr gejagt werden: Von 1593 bis 1880 war Middelfart ein Zentrum der Schweinswaljagd – Schweinswaljäger zu sein, war ein stolzer Beruf mit königlichem Privileg auf Lebenszeit. Jollen der Jäger sind im Museum von Middelfart ausgestellt.

Wir haben Erfolg bei unserer „Jagd" nach unvergesslichen Fotomotiven: Gleich eine ganze Gruppe grauer Schweinswale taucht delfingleich vor dem Bug der „Aventura" in regelmäßigem Rhythmus aus der Ostsee auf, dann wieder unter. „Gefangen" haben wir sie nur mit Kameras – und allen Sinnen.

Allgemeine Infos zur Region gibt es unter www.visitlillebaelt.dk. **Schweinswalsafaris** veranstaltet Henrik Traugott-Olsen (Middelfart Gl. Havn, DK-5500 Middelfart, Tel. 21 65 05 67, www.galeasen-aventura.dk); weitere Touren unter http://lillebaelt-waters.dk/de. **Forschung** zu Schweinswalen betreiben die Biologen bei Fjord og Bælt in Karrebæksminde auf Fünen (www.fjord-baelt.de).

FRANCE
laine depuis 1818
NISH CROWN
Slagterens
DANISH CROWN

Bornholm

*

SONNENINSEL FÜR GENIESSER

*

Die Ostseeinsel Bornholm gilt als kleine Welt für sich: eigentlich dänisch und doch ein bisschen schwedisch, mit Felsküste und einem Dialekt, der den legendären Eigensinn der Insulaner spiegelt. Hier liegt der östlichste Punkt des Königreichs, von dem aus Russland weit näher ist als der westlichste, Blåvandshuk an der jütländischen Nordseeküste.

Beim Festival „Sol over Gudhjem“ treten Dänemarks Spitzenköche gegeneinander an – das Publikum darf immerhin zusehen.

Typisches Bornholm-Panorama:
der Hafen von Allinge

Spielmannszüge werden von den Dänen zu jeder Gelegenheit
und von Kindesbeinen an geschätzt – auch in Gudhjem.

Østerlars Kirke ist die größte der vier Bornholmer Rundkirchen. Gut zu sehen sind die Mauerlöcher, um einen hölzernen Wehrgang zu befestigen. Denn ihr Kegeldach bekam die Kirche erst im späten Mittelalter

DÄNEMARKS ÖSTLICHER AUSSENPOSTEN LÄSST KEINEN ZWEIFEL AN SEINER NATIONALEN ZUGEHÖRIGKEIT, LEGT ABER DENNOCH GROSSEN WERT AUF EIGENSTÄNDIGKEIT.

Bornholm ist eine kleine Welt für sich. Auf der klimatisch milden Ostseeinsel beginnt der Frühling zwar oft etwas später als im übrigen Land, dafür aber dauert der Herbst fast immer länger. Noch Ende September, ja bis weit in den Oktober kann es dank der beiden „Wärmespeicher" – Ostsee und Dänemarks einziger Felsküste im Inselnorden – erstaunlicherweise angenehm warm sein.

Auch seinen Ruf als Sonneninsel trägt Bornholm zu Recht: Jahr für Jahr zählt Dänemarks Wetterbehörde DMI auf den 588 Quadratkilometern die meisten Sonnenstunden. 2019 waren es genau 1963. Da trifft es sich gut, dass im Süden mit den rund 25 Kilometer langen Sandstränden von Dueodde bis Snogebæk und Balka einige der schönsten Badeküsten des Landes liegen. Der Sand von Dueodde ist so fein, dass er früher in aller Welt in Sanduhren gefüllt wurde.

ANDACHT IM RUND

Bornholm liegt rund 140 Kilometer vom übrigen Königreich entfernt vor Südschweden – kein Wunder, dass auch der Bornholmer Dialekt eine knarzende Mischung aus Dänisch und Schwedisch ist! Und noch etwas sieht anders aus als im Mutterland: Die vier mittelalterlichen Kirchen sind fast kreisrund.

Keine Frage: Die strahlend weißen Rundkirchen sind Bornholms Wahrzeichen. Die vier ungewöhnlichen Gotteshäuser stammen aus Zeiten, als Kirchen zudem noch regelrechte Gottesburgen, also auch Festung, Schutz- und Lagerraum waren. Die größte der vier Bornholmer Rundkirchen ist die Kirche von Østerlars. Nylarskirke, Olskirke und vor allem die Nykirke sind deutlich kleiner. Von Letzterer vermuten Historiker, dass auch sie größer geplant war, dann aber nicht vollendet werden konnte.

Die bauliche Konstruktion aller Rundkirchen ist gleich: Gestützt auf einen runden Mittelpfeiler, schwebt über dem runden Kirchraum das Dach. Die dicken Außenmauern verdeutlichen den wehrhaften Charakter. Die beiden oberen Stockwerke mit schießschartenkleinen Fenstern dienten als Schutzräume und in Krisenzeiten auch als Lager für Nahrungsmittel, Hab und Gut. Das Obergeschoss trug ursprünglich sogar einen Zinnenkranz. Die Glockentürme aller Rundkirchen stehen abseits. Faszinierend nicht nur für Kunsthistoriker sind die mittelalterlichen Kalkmalereien, die meist erst in jüngster Zeit wieder freigelegt wurden. Wie in der etwa 1150 erbauten Østerlars Kirke zeigen die bunten Darstellungen biblische Szenen, etwa Leben, Sterben und Auferstehung Jesu.

In einem früheren Hühnerstall fertigen Majbritt Jønsson und Pete Hunner von Baltic Sea Glass kunstvolle, aber auch praktische Glas(kunst)werke (oben links und unten rechts). Kenner weit über Dänemarks Grenzen hinaus halten Lakritz von Johan Bülow für das beste – der Erfolg begann 2007 in Svaneke (oben rechts), wo auch die Keramikkünstlerin Charlotte Thorup zu Hause ist (unten links)

Ohne dänische Flagge geht es kaum – auch nicht in Hasles Fischräucherei, wo im milden Rauch „Bornholmer" und Lachsseiten reifen.

Räucherhering

Special

Bornholmer

„Der Rauch verwandelt das Silber unserer Heringe in das Gold der Bücklinge", sagen die Bornholmer Fischer.

Genuss braucht Zeit: Bis zu vier Stunden hängen die Fische im Rauch von Kirsch- oder Erlenholz in den vielen Räucheröfen der Insel – deren typischer Kamin überragt nicht nur Fischerhäfen, sondern auch heute noch viele der historischen Wohnhäuser entlang der Küste. Ein Besuch auf Bornholm ist nicht vollständig, ohne wenigstens einmal den Klassiker „Sol over Gudhjem" (Sonne über Gudhjem) probiert zu haben – in einer der Räuchereien mit Meerblick. Dieses Smørrebrød besteht aus einer Scheibe Schwarzbrot mit Räucherhering. Dazu gibt es Schnittlauch, Radieschen und ein rohes Eidotter. Einfach und gut, so gut, dass sogar ein Kochwettbewerb danach benannt ist!

AUF GRANIT GEBAUT

Auch Nordeuropas größte Burgruine Hammershus ist ein Überbleibsel aus dem Mittelalter. Noch in ihren wenigen erhaltenen Mauern und Türmen lässt sich erahnen, wie wehrhaft die Festung einst auf dem 80 Meter hohen Granitfelsen Hammeren im Norden von Bornholm über dem Meer gethront haben muss – und wie imposant sie schon aus der Ferne wirkte. Errichtet wurde Hammershus ab 1250 auf Initiative des Erzbischofs von Lund im heutigen Südschweden. Über mehr als vier Jahrhunderte residierten hier abwechselnd Erzbischöfe und Könige, ehe man die kleinen, nordöstlich von Bornholm gelegenen Inseln Christiansø und Frederiksø ebenfalls zur Festung ausbaute und Hammershus seine Bedeutung verlor. Knapp 100 Jahre diente die Ruine für die Bewohner der umliegenden Orte als Steinbruch – so manches Haus in Rønne oder Hasle war deshalb zumindest teilweise schon einmal eine Burg. Seit 1822 steht Hammershus unter Schutz und wird regelmäßig renoviert. Heute begegnet man in den historischen Mauern vielen dänischen Schulklassen auf Zeitreisen ins Mittelalter. Darüber hinaus dient Hammershus besonders im Sommer oft als eindrucksvolle Kulisse für Konzerte und andere Kulturveranstaltungen.

LOKALE GENÜSSE

Was heute als Trend von der internationalen Spitzengastronomie überall gefeiert wird, gilt auf Bornholm schon immer als Indiz für eine herzliche Gastfreundschaft: Lokale Produkte sind das Gütesiegel der Inselküche. Allem voran natürlich Fisch – aus den Gewässern rund um die 158 Kilometer lange Küste, an der Fischerorte wie Hasle, Gudhjem, Svaneke und das größere Nexø liegen. Hier wie dort kann man fangfrischen kulinarischen Versuchungen erliegen, darunter Dorsch und Lachs, vor allem aber geräuchertem „Bornholmer" – dem auf Dänisch Sild genannten Hering.

Man kann und sollte sich Bornholm aber nicht nur an der Küste auf der Zunge zergehen lassen. Zahlreiche Produzenten haben weit über die Insel hinaus einen exquisiten Ruf und sich unter dem Motto „Gourmet Bornholm" zusammengetan. So steht der Name von Johannes Dam aus Aakirkeby seit Generationen für die gerühmten Roggenkekse „Bornholmske Kiks". Die Meierei St. Clemens in Klemensker stellt beispielsweise herausragende, mehrfach prämierte Käsesorten her. Das Bier aus dem Svaneke Bryghus trinkt man auch gern in Kopenhagen, so wie man die Lakritzspezialitäten von Johan Bülow nicht nur in seiner Heimat findet – der Bornholmer hat

Zweimal Bornholmer Landschaft: Johns Kapel nördlich Hasle, benannt nach einem legendenhaften Eremiten, der das Christentum nach Bornholm gebracht haben soll, und der Strand von Dueodde

Als Ferienunterkunft gemietet werden kann die Schmiede auf Frederiksø.

Ausflugsgäste auf Christiansø, einer der Erbseninseln. Gegen die schwedische Seeherrschaft gerichtet, ließ Dänenkönig Christian V. in den 1680er-Jahren die Inselfestung bauen, zu der auch der massige Turm auf Frederiksø gehörte.

seine Manufaktur aufgrund der großen Nachfrage bereits in Hauptstadtnähe verlegt. Einen ähnlichen Schritt wagte Sternekoch Rasmus Kofoed: Sein Stammrestaurant „Kadeau" liegt nach wie vor in Bornholms Inselsüden bei Vestre Sømark, doch sein Ableger in Kopenhagen ist längst das größere „Kadeau".

Sogar Wein wird auf Bornholm angebaut, da wird die Sonneninsel ihrem Namen gerecht. Der gelernte Landwirt Jesper Paulsen kultiviert ihn seit rund 20 Jahren auf seinem Hof Lille Gadegård bei Pedersker auf rund dreieinhalb Hektar. Die nordische Sommersonne, die oft bis weit in den September scheint, tut dem Wein gut: Rund 15 000 Flaschen Roter kommen jedes Jahr zusammen. Damit ist Paulsen einer von etwa 40 dänischen Weinbauern und betreibt ein hier immer noch exotisches Geschäftsmodell. Dabei ist Dänemark von der Europäischen Union längst als Weinanbauland anerkannt!

KREATIVER HOTSPOT

Mindestens ebenso bekannt ist Bornholm für sein hochkarätiges Kunsthandwerk. Etwa 100 Keramiker, Glasbläser, Textildesigner oder Schmuckmanufakturen machen die 40 000 Einwohner umfassende Insel zu einem kreativen Hotspot. Künstler wie der berühmte Skagenmaler Michael Ancher und Oluf Høst, dessen kleines Museum in seinem Wohnhaus in Gudhjem zu den schönsten im Land gehört, wussten schon vor 100 Jahren Bornholms Licht und Natur als Motiv zu schätzen.

Heute haben Glasdesigner Hühnerställe zu Ateliers umfunktioniert, Textilkünstler sich in alten Höfen oder Fischerhäusern angesiedelt. Die ganze Bandbreite der Bornholmer Kunstszene erschließt sich in Grønbechs Gård in Hasle, wo die Wechselausstellungen der Arts & Crafts Association Bornholm einen Überblick über Schaffen und Trends geben. 2017 erhielt Bornholm sogar eine ganz besondere Ehre: Als erste Region Europas trägt es seither den Titel „World Craft Region".

Dänemarks Feiertage

VON JULE-ZEIT UND PÅSKE-TAGEN

Weihnachten, aber auch Ostern und St. Hans gehören zu den wichtigsten Festen im dänischen Kalender – hier ein Blick auf nordische Bräuche und Traditionen.

Zum Weihnachtsbaum (hier im Freilichtmuseum Den Gamle By in Aarhus) gehört die Nationalflagge.

Manchmal könnte man den Eindruck haben, in Dänemark wäre das ganze Jahr über Weihnachten: Selbst im Sommer sieht man in vielen Fenstern kleine, rot-weiß gekleidete Kobolde sitzen – Julenisser, Weihnachtswichtel, die auf das Fest der Feste warten. Denn ohne Nisser kein Jul, wie Weihnachten auf Dänisch heißt. Die Weihnachtskobolde gehören als Figuren und Schmuck in jede Wohnung. Auf dem Land gibt es darüber hinaus den Brauch, in der Adventszeit eine Schüssel mit Milchreis auf den Dachboden zu stellen. Mit ihrer Leib- und Magenspeise will man die Nisser gütlich stimmen, damit sie das restliche Jahr nicht zur Plage werden.

Wer am letzten Juliwochenende nach Kopenhagen reist, mag seinen Augen nicht trauen. Denn gerade wenn der dänische Sommer warm und sonnig ist, wimmelt es in den Straßen der dänischen Hauptstadt von rot gewandeten älteren Herren mit Rauschebart – Weihnachtsmann, Nikolaus, Santa Claus, Julemand & Co. treffen sich im ja für Nikoläuse arbeitsfreien Sommer zum Weltkongress der Weihnachtsmänner. Das „Julemændenes Verdenskongres" genannte Standes-Event findet nördlich von Kopenhagen im Vergnügungspark Dyrehavsbakken statt. Dabei sind Weihnachtsmänner aus aller Welt und natürlich auch aus Grönland vertreten. Zwar streiten sich die Bewohner der skandinavischen Länder über die Herkunft des Weihnachtsmanns, für die Dänen steht allerdings felsenfest: Der Weihnachtsmann kommt aus Grönland.

Die eigentliche Weihnachtszeit beginnt auch in Dänemark mit dem Advent. Neben dem Adventskalender wird in Dänemark eine Adventskerze abgebrannt: In 24 Querstriche aufgeteilt, werden Kerze und Wartezeit jeden Tag um einen Strich kürzer. In

Weihnachtliche Auslagen im Aarhuser Freilichtmuseum Den Gamle By

Nach der beliebtesten Persönlichkeit im Land gefragt, gibt es durch alle Bevölkerungsschichten und Generationen bei Umfragen immer wieder eine Antwort: Margrethe II. Die Regentin – hier mit einem Osterpräsent – führt „ihr" Königreich seit 1972.

diesen Vorweihnachtswochen treffen sich Firmen, Vereine, aber auch Freunde gern zum Julefrokost. Das eigentlich harmlose kalte Büfett entwickelt sich nicht selten zum feucht-fröhlichen Gelage – weshalb die Polizei im ganzen Königreich mehr Kontrollen als üblich durchführt, um für Sicherheit und höhere Staatseinnahmen zu sorgen.

Anders als hierzulande beginnt das Hochfest Weihnachten selbst bereits am 23. Dezember, an „Lille Juleaften", dem „kleinen Heiligabend". Dann schmücken dänische Familien ihren Weihnachtsbaum, die Vorbereitungen zum Heiligabend laufen auf Hochtouren. Man trinkt Gløgg, den dänischen Glühwein aus Rotwein und Aquavit, Mandeln und Rosinen, und nascht frisch gebackene Plätzchen und Konfekt. Beliebteste Jule-Dekoration ist das „Flettehjerte", das aus Papier geflochtene Weihnachtsherz in Rot und Weiß, das alle Juletræer, also Weihnachtsbäume, schmückt. Am Abend des 24. Dezember (Juleaften) wird dann das Julemad serviert: Das Weihnachtsessen besteht typischerweise aus Gans, Ente, Pute oder Schweinebraten mit Rotkohl und braunen Kartoffeln. Als Nachtisch gibt es zwingend Ris à l'amande, Milchreis mit Sahne und Kirschsoße, in dem eine Mandel versteckt ist. Wer sie findet, bekommt das Mandelgeschenk – meist ein Marzipanschwein.

EIN FEST AUCH FÜR NARREN

Ostern heißt auf Dänisch Påske. Für die meisten Dänen liegt die Bedeutung des Festes längst nicht mehr in seinem religiösen Ursprung, sondern dient als populäre Gelegenheit für einen Kurzurlaub zum Frühjahrsanfang. Der Grund: Zusätzlich zu Karfreitag (Langfredag), Ostersonntag und Ostermontag ist auch der Gründonnerstag (Skærstorsdag) ein Feiertag – das heißt fünf freie Tage am Stück.

Dass die dänischen Ostertraditionen den deutschen ähneln, liegt vor allem daran, dass die zentrale Figur ein Import aus dem Süden ist: Der Glaube an den Osterhasen, der bunte Eier versteckt, verbreitete sich erst ab 1900 über die Grenze via Südjütland nach ganz Dänemark.

Dagegen bastelte man im kleinen Königreich zu Ostern immer schon gern. Eine original dänische Tradition sind die Gækkebreve. Dies sind kleine Briefe beziehungsweise Papierseiten, die zusammengefaltet und kunstvoll eingeschnitten werden. Sie sind sehr individuell, vielfältig und haben unterschiedlichste Muster. Im Brief schreibt man einen Reim und fordert den Empfänger auf, zu raten, wer ihm den Gruß geschickt hat – der Name des Absenders wird hierzu freilich ausgelassen. Errät der Empfänger des Briefes den Namen nicht, ist er ein Gæk, ein Narr.

Zu den auch Festen im Jahreslauf gehört St. Hans, in Deutschland Johanni genannt, das in enger Verbindung mit der Sommersonnenwende steht und deswegen mit großen Feuern gefeiert wird – hier in Kopenhagens Nyhavn.

OSTSEE
BORNHOLM
Simrishamn
Ertholmene
Tat
Græsholm
Frederiksø
Christiansø
Hammer Odde
Osand Bugt
Hammeren
Sandvig
Sæne Bugt
Våde Ovn
Løvehovederne
Hammershus
Madsebakke
Allinge
Sandkås
Tejn
Vang
Kås
Stammershalle
Olsker
Bymølle
Sankt Ols Kirke
Bådsted
Humledal
Helligdomsklipperne
Jons Kapel
Teglkås
Egeshøj
Ruts Kirke
Helligpeder
Rutsker
Salene Bugt
Gudhjem
Rø
Røbro
Melsted
Vysteby
Krashave
Spydelund
Risby
Lensgård
Hasle
Baggeå
Brogårdsstenen
Klemensker
Rø Plantage
Himmerrigsport
Saltuna
Middelaldercenter
Gamlevælde
Østerlars Kirke
Randkløve Skår
Randkløve
Muleby
Mæby
Østerlars
Asseregårds Huse
Ypnasted
Bølshavn
Glappe
Sorthat
Skarpeskade
Aarsballe
Studeby
Listed
Svaneke Stubmølle
Blykobbe
Nyker
Gøngeherred
Østermarie
Louisenlund
Runesten
Svaneke
Hullehavn
Plantage
Almindingen
Elleby
Gadeby
Brændegårdshaven
Tingsted
Bjergebakke
Lilleborg
Gamleborg
Sanct Ibs Kirke
Grisby
Rønne
Næbbe Bugt
Møllevangen
Knudsker
Ringeby
Sankt Knuds Kirke
Vestermarie
Frenne Red
Årsdale
Dalslunde
Årsdale Mølle
Ystad
Køge
Kanondalen
Sassnitz
Læsa
Åker Plantage
Povlsker Plantage
Paradisbakkerne
Rokkestenen
Gamleborg
Svenskehavn
Blemmelyng
Myreby
Malkværn
Møllebugt
Nylars
Lobbæk
Aakirkeby
Gryet
Frederiks Stenbrud
Nexø
Bornholm
Lundesten
Kalby
Strøby
Arnager
Gadeby
Bodilsker
Arnager Bugt
Værmelandshuse
Kællingeby
Stenseby
Langedeby
Darłowo
Grødby
Pedersker
Balka
Kannikegårdet
Hunderynke
Salthammer Odde
Holsmyrediget
Sankt Povls Kirke
Snogebæk
Boderne
Rispebjerg
Broens Odde
Tjørneby
Vester Sømarken
Øster Sømarken
Slusegårdens Mølle
Strandmarken
Dueodde
Kołobrzeg
Maßstab 1:180.000
0
2
4km

EIN GANZ BESONDERES STÜCK DÄNEMARK

Seit 1658 dänisch, ist Bornholm dennoch ein ganz eigenes Stück Dänemark. Nicht nur, dass hier die Sonne länger scheint, auch die Kreativität ist auf der bei Feriengästen überaus beliebten Insel ausgeprägter, wie die große Kunsthandwerkerdichte zeigt.

1 Rønne

Bornholms Hauptstadt (13 800 Einw.) erreichen die meisten Urlauber per Fähre. Schon von Weitem leuchtet der helle Fachwerkturm der Kirche über der Altstadt auf. Im Mittelalter hieß Rønne „Rodne" – verfault –, so stark roch es an der sumpfigen, tangreichen Küste.

SEHENSWERT

Obwohl noch Anfang Mai 1945 von russischen Bomben schwer getroffen, laden Rønnes wiederaufgebaute enge **Kopfsteingassen** um die **Kirche Sanct Nikolai** (1215, Umbau 1918) mit niedrigen bunten Häusern zum Bummeln ein. Kaum zu glauben: Das kleine **Rønne Teater** von 1823 in der Teaterstræde 2 ist die älteste, durchgehend bespielte Bühne im Königreich!

MUSEEN

Einen Überblick über Bornholms Geschichte gibt das **Kulturhistorische Museum Rønne** (Abteilung von Bornholms Museum); außergewöhnlich sind die 1985 bei Svaneke gefundenen Guldgubber, kleine Goldmännchen aus dem 6./7. Jh., die kultischen Zwecken dienten (Sankt Mortensgade 29, www.bornholmsmuseum.dk; Juli–Mitte Aug. tgl. 10.00–17.00, Mai, Juni und Mitte Aug.–Mitte Okt. Mo.–Sa. 10.00 bis 17.00, sonst Mo.–Fr. 13.00–16.00, Sa. 11.00 bis 15.00 Uhr). Der Fachwerkhof **Erichsens Gård** zeigt großbürgerliche Wohnkultur und eine Ausstellung zum Malerdichter Holger Drachmann (1846–1908; Laksegade 7, www.bornholmsmuseum.dk; Mai–Okt. Fr. und Sa. 10.00–16.00 Uhr). Ein Erlebnis auch mit Kindern ist das Keramikmuseum **Hjorths Fabrik**, in dem seit 1859 in Handarbeit Keramik hergestellt wird. In den Sommerferien können Besucher selbst ihr Geschick als Töpfer erproben (Krystalgade 5, www.bornholmsmuseum.dk; Mai–Mitte Okt. Mo.–Sa. 10.00–17.00, sonst nur Laden und Ausstellung Mo.–Fr. 13.00–17.00, Sa. 10.00–13.00 Uhr; gemütlicher Cafégarten).

EINKAUFEN

Bornholmerure gehören zur Insel. Die Standuhren mit Pendel wurden erstmals 1745 gebaut, nachdem ein holländisches Lastschiff mit – vermutlich englischen – Uhren vor der Insel gestrandet war. Heute erinnern an die einst zahlreichen Manufakturen nur noch einige bunte Exemplare im Kulturhistorischen Museum. **Keramik** findet man bei Eva Brandt (Larsegade 23, www.evabrandt.dk). Einkaufen wie früher kann man im **Oste-Hjørnet**, der Käseecke (Østergade 40b, www.ostehjoernet.dk).

HOTELS UND RESTAURANTS

Das **€ € € Griffen Spa Hotel**, Bornholms größtes Hotel, findet sich hafennah mit Meerblick (Nordre Kystvej 34, DK-3700 Rønne, Tel. 56 95 51 11, https://bornholmhotels.dk/griffen-spa-hotel/; Restaurant). Nah an Wald und Strand liegt das kleinere **€ € € / € € Hotel GSH** (Strandvejen 79, DK-3700 Rønne, Tel. 56 95 19 13, https://bornholmhotels.dk/hotel-gsh; Apartments). Cappuccino in der Sonne, ein Smørrebrød oder ein Menü – das **€ € / € Café Gustav** an Rønnes Marktplatz ist ein beliebter Treffpunkt (Store Torv 8, Tel. 56 91 00 47, www.cafegustav.dk).

AKTIVITÄTEN

Fahrräder verleiht **Bornholms Cykeludlejning** (Nordre Kystvej 5, www.bornholms-cykeludlejning.dk). **Bornholms Golf Klub** bietet 18- und 9-Loch-Bahnen mit attraktiver Greenfee (Plantagevej 3b, www.bornholmsgolfklub.dk).

UMGEBUNG

Im kleinen **Hasle** (12 km nördl.) liegt eine der fünf alten Räuchereien Bornholms; in der Hasle Røgeri kann man nicht nur Fisch genießen, ein Museum informiert zudem über das Handwerk (Sønder Bæk 20, www.hasleroegeri.dk; April bis Sept. tgl. 10.00–17.00 Uhr, Ende Juni–Ende Aug. 10.00–21.00 Uhr). Einen Überblick über die rund 60 Kunsthandwerker Bornholms gibt Grønbechs Gård; hier sind Werke der Glasbläser, Keramiker oder Textildesigner der Arts & Crafts Association Bornholm zu sehen (Grønbechs Gård 4, www.groenbechsgaard.dk; Mitte April–Nov. tgl. 10.00–17.00 Uhr).
In **Nyker** (7 km nordwestl.) steht mit der Ny Kirke die kleinste der fünf Rundkirchen Bornholms (Ny Kirke Ellebyvej 1a; April–Okt. Mo.–Fr. 8.00–16.00 Uhr). In ihrem Schatten hat die Textilkünstlerin Bente Hammer ihr Atelier (Nyker Hovedgade 32, www.bentehammer.dk).

INFORMATION

Bornholms Velkomstcenter, Nordre Kystevej 3, DK-3700 Rønne, Tel. 56 95 95 00, www.bornholm.info

Trutzige Ruine Hammershus (oben); Textildesignerin Bente Hammer in ihrem Atelier in Nyker (unten)

2 Allinge-Sandvig

Groß wurden die beiden Hafenstädtchen (1700 Einw.) im Inselnorden durch den Heringsfang. Um 1800 war diese Ära vorbei – 100 Jahre später begann hier Bornholms goldene Zeit des Tourismus.

SEHENSWERT

Bei Sandvig liegt die Halbinsel **Hammeren** mit steilen Granitfelsen. Entlang der Küste führt ein Rundwanderweg (7 km) auch am früheren Granitbruch und heutigen See **Hammersø** vorbei.
Hammershus TOPZIEL, die größte Burgruine Nordeuropas, wurde vom Bischof in Lund ab 1255 erbaut und wechselte danach häufig die Besitzer. Das neue Besucherzentrum beim Parkplatz erläutert Geschichte und Bedeutung der Anlage (Slotsgaarden; Ende Juni–Aug. tgl. 10.00–21.00, Mitte Mai–Ende Juni, Sept.–Okt. tgl. 10.00–17.00 Uhr, Ruine ganzjährig).

HOTELS UND RESTAURANTS
Das Hotel €€€/€€ **Hammersøen** hat Aussicht auf das oft tiefblaue Wasser des Hammersees (Hammershusvej 86, Sandvig, DK-3770 Allinge, Tel. 56 48 03 64, https://hotel-hammersoe.dk/de; Restaurant).
Das Restaurant €€€€/€€€ **Det Gamle Posthus** ist in der alten Post von 1761 zu Hause. Die Speisekarte setzt auf typische Bornholmer Gerichte, vor allem auf Fisch (Kirkegade 8, Allinge, Tel. 56 48 10 42, www.detgamleposthusallinge.dk). €€/€ **Nordbornholms Røgeri** am Hafen von Allinge bietet Fischspezialitäten (Kæmpestranden 2, www.nbr.dk). Tolles Eis zaubert **Sandvig Is Kalas** (Strandgade 8).

INFORMATION
Allinge Turistinformation, Sverigesvej 11, DK-3770 Allinge, Tel. 56 95 95 00, https://bornholm.info

3 Gudhjem

Über Dänemarks einzige Felsenstadt (700 Einw.) hat man einen schönen Blick vom 50 m hohen „Hausberg" Bokul.

SEHENSWERT
Nur wenige Schritte vom Meer liegt das **Oluf Høst Museum**, früher Wohnhaus und Atelier des Bornholmer Malers (1884–1966), mit einigen seiner schönsten Werke (Løkkegade 35, www.ohmus.dk; April–Okt. tgl. 11.00–17.00, sonst Di.–So. 11.00–17.00 Uhr). Der alte Bahnhof beherbergt das **Gudhjem Museum** mit Werken von Høst und anderen Bornholm-Malern (Stationsvej 1, www.gudhjem.de/gudhjem-museum.php; nur bei Ausstellungen tgl. 13.00 bis 17.00 Uhr). Das **Landwirtschaftsmuseum Melstedgård** erinnert an Bornholms bäuerliches Leben im 19. Jh. (Melstedvej 25, www.bornholmsmuseum.dk; Juli–Mitte Aug. So.–Fr. 10.00–16.00, Mitte Mai–Mitte Juni und Mitte Aug.–Mitte Okt. So.–Do. 10.00–16.00 Uhr). Ihm angeschlossen ist das Kulinarik-Erlebniscenter **Gaarden – Bornholms Madkulturhus**, in dem sich alles um Spezialitäten Bornholms dreht (Tel. 56 95 07 35, www.gaarden.nu; nur bei Veranstaltungen, Workshops etc).

Tipp

Hoch hinaus

Bornholm ist Küste, Strand und Sand und Felsen. Doch wer nur Bornholms Küste(n) bereist, verpasst eine der schönsten Seiten der Insel: Almindingen im Herzen der Ostseeinsel ist mit rund 3800 ha Dänemarks fünftgrößter Wald. Erschlossen wird das Naturgebiet von Wander- und Radwegen – perfekt für Aktive! Moore, Seen und eine reiche Tierwelt verleihen der Natur hier zu jeder Jahreszeit einen anderen Charakter. Das Spaltental Ekkodalen mit dem einzigen Echo des Landes, der „Berg" Rytterknægten, mit 162 m immerhin Bornholms höchster Punkt, oder die mehr als 1000 Jahre alten Wikingerburgen Lilleborg und Gamleborg sind weitere Ziele, deren Besuch ich in Almindingen empfehle. Sogar eine Herde Bisons wurde wieder ausgewildert. Tipps für Wanderungen in Almindingen und mehr gibt es auf https://bornholm.info/de/wanderungen-in-almindingen.

Sandstrand bei Dueodde (links); Landsknecht in Bornholms Mittelaltercenter (rechts oben); Østerlars Kirke hinterm Kornfeld (rechts unten)

RESTAURANT UND EINKAUFEN
Gudhjem Røgeri bietet Räucherfisch, „Sonne über Gudhjem" und andere Köstlichkeiten (Ejnar Mikkelsensvej 9, www.smokedfish.dk). Die Bonbonmanufaktur **KaramelKompagniet** ist über Gudhjem hinaus bekannt (Holkavej 2, Tel. 56 44 22 55; www.karamelkompagniet.dk).

UMGEBUNG
Bornholms Kunstmuseum TOPZIEL (6 km nordwestl.), nahe der Felsformation Helligdomsklipperne gelegen, gehört zu den schönsten Kunstmuseen des Landes. Es zeigt moderne und lokale Werke (Otto Bruuns Plads 1, Gudhjem, www.bornholms-kunstmuseum.dk; Juni bis Aug. tgl. 10.00–17.00, April, Mai, Sept. und Okt. Di.–So. 10.00–17.00, sonst Do.–Fr. 13.00–17.00, Sa., So. 10.00–17.00 Uhr). Eine Zeitreise ins Mittelalter ermöglicht **Bornholms Mittelaltercenter** (5 km südl., Stangevej 1, Østerlars, www.bornholmsmiddelaldercenter.dk; Juni–Mitte Aug. tgl. 10.00–17.00, Mai, Juni und Mitte Aug.–Sept. tgl. 10.00–16.00 Uhr). Gegenüber liegt die **Østerlars Kirke** (um 1150), größte und schönste der fünf Rundkirchen (Vietsvej 25, Østerlars; April–Sept. Mo.–Sa. 9.00–17.00, So. 11.00–17.00 Uhr).
Baltic Sea Glass fertigt Glaskunst (3 km südl.; Majbritt Jønsson und Pete Hunner, Melstedvej 47, www.balticseaglass.com).
Im Hafen von Gudhjem legt das Ausflugsschiff „Ertholm" zur Überfahrt auf die **Ertholmene** ab – die „Erbseninseln" Christiansø und Frederiksø mit 100 Einw. waren einst Festung gegen die Schweden und andere Feinde (www.christiansoe.dk, www.christiansoefarten.dk).

INFORMATION
Gudhjem Turistinformation, Ejnar Mikkelsens Vej 27, DK-3760 Gudhjem, Tel. 56 95 95 00, https://bornholm.info

4 Aakirkeby

Aakirkeby (2000 Einw.) war das Zentrum des mittelalterlichen Bornholms. Nachdem die Lübecker die Stadt 1510 niedergebrannt hatten und der Hafen im Süden versandete, ging seine Bedeutung verloren.

SEHENSWERT
Das **Naturerlebniscenter NaturBornholm** vermittelt auf spielerisch-lehrreiche Weise Flora und Fauna sowie 1,2 Mrd. Jahre Inselgeschichte – u. a. mit einem Sprung über einen Riss im Granit (Grønningen 30, www.naturbornholm.dk, Ende April–Ende Okt. tgl. 10.00 bis 17.00 Uhr, auch Ranger-Touren).

RESTAURANT
Auf Bornholm startete Starkoch Rasmus Kofoed seinen Siegeszug durch die Gourmetwelt – und sein €€€€/€€€ Spitzenrestaurant **Kadeau** (9 km südl.; Baunevej 18, Vestre Sømark, Pedersker, Tel. 56 97 82 50, www.kadeau.dk).

UMGEBUNG
Auf dem **Lille Gadegård** wachsen Weinsorten wie Rondo, Frühburgunder, Regent und Bolero (6 km südl; Søndre Landevej 63, www.a7.dk).

INFORMATION
Aakirkeby Turistinformation, (Spar-Supermarkt), Torvet 1, DK-3720 Aakirkeby, Tel. 56 95 95 00, https://bornholm.info

5 Nexø (Neksø)

Bornholms zweitgrößte Stadt (3700 Einw.) wird geprägt vom Fischereihafen. Noch am 7. und 9. Mai 1945 erlitt der Ort durch sowjetische Luftangriffe schwere Schäden. Die 75 Häuser im Schwedenviertel waren eine Wiederaufbauhilfe.

MUSEEN
Nexøs größter Sohn benannte sich nach seiner Heimatstadt: der Schriftsteller **Martin Andersen Nexø** (1869–1954; „Pelle der Eroberer"). Sein Elternhaus ist Museum (Ferskesøstræde 36, www.andersennexoe.dk; Mai–Juni Mo.–Fr. 13.00–16.00 Uhr, Juli–Okt. Di.–Fr. 13.00–16.00, Sa. 10.00–13.00 Uhr). Das **Nexø Museum** am Hafen widmet sich Fischerei und Geschichte (Havnen 9, www.nexoemuseum.dk; Juli und Aug. Mo.–Fr. 10.00–16.00, Sa. 10.00–13.00, Mai, Juni, Sept. und Okt. Mo.–Fr. 13.00–16.00 Uhr).

UMGEBUNG
Bornholms Südspitze um **Dueodde TOPZIEL** (s. auch S. 57) und **Balka Strand** (10 km südl.) ist durch und durch eine Urlaubsregion. Den besten Überblick hat man vom 47 m hohen Leuchtturm von Dueodde (Juli–Mitte Aug. tgl. 11.30–16.00, Mai, Juni und Sept. 11.30 bis 15.00 Uhr). Das beste Eis der Insel ist vielleicht das Bio-Eis im Boisen Iscafé in **Snogebæk** (6 km südl; Hovedgade 4, www.boisen-is.dk).

INFORMATION
Bornholms Turistinformation Nexø, Havnen 4B, 3730 Nexø, Tel. 56 95 95 00, https://bornholm.info

6 Svaneke

Der kleine Hafenort (1100 Einw.) mit seinen bunten Fachwerkhäusern gehört zu den schönsten des Landes. Der markante Wasserturm stammt von Stararchitekt Jørn Utzon.

EINKAUFEN
Svaneke ist Bornholms Kunsthandwerk-„Metropole" – das Angebot reicht von **Glasdesign** (Pernille Bülow, Brænderigænget 8, www.pernillebulow.dk; auch Hobbykurse) über **Textildesign** (Timmi Kromann, Svaneke Torv 4, Eingang Brænderigænget, www.kokolores.dk) und **Bonbons** (Bolcheriet Svaneke, Svaneke Torv 7, www.bolcheriet.dk) bis zu **Lakritz** (Johan Bülow, Glastorvet 1, https://lakridsbybulow.dk).

HOTEL UND RESTAURANT
€ € Siemsens Gaard in einem alten Kaufmannshof ist ein Sommerhotel mit Hafenblick und Restaurant (Havnebryggen 9, DK-3740 Svaneke, Tel. 56 49 61 49, www.siemsens.dk).
€ € Svaneke Bryghus gehört zu den besten Mikrobrauereien in Dänemark (Svaneke Torv 5, Tel. 56 49 73 21, www.svanekebryghus.dk).

UMGEBUNG
Der Familienpark **Joboland Brændegårdshaven** (4 km westl.) mit Achterbahn und Tierpark etc. bietet bei jedem Wetter Spaß (Højevejen 4, www.braendesgaardshaven.com; Juli–Mitte Aug. tgl. 11.00–18.30, Mitte Mai–Juni und Mitte Aug.–Mitte Sept. 11.00–17.00 Uhr).

INFORMATION
Svaneke Turistinformation, Peter F. Heeringsgade 7, DK-3740 Svaneke, Tel. 56 95 95 00, https://bornholm.info

AUS ALT MACH NEU, MACH NACHHALTIG

Dänische Architektur ist weltweit begehrt. Klar, dass die Gestalter, ob aus Kopenhagen oder aus Aarhus, im 21. Jahrhundert nicht nur auf Form, sondern ganz besonders auch auf Nachhaltigkeit setzen. Das gilt für den Bau ebenso wie für die folgende Nutzung ihrer Entwürfe. Unter diesem Aspekt wurde beispielsweise auch das höchste Holzhaus des Landes geschaffen, ein 22 Meter hohes Studierendenwohnheim mit sechs Etagen an der Østerbrogade in Kopenhagen.

Fügt sich perfekt in die Landschaft ein: das Green Solution House GSH

Das bis dato nachhaltigste Gebäude Dänemarks finden Sie jedoch auf Bornholm – und wenn Sie möchten, können Sie sogar darin wohnen. Wie das? Ganz einfach: Das Green Solution House GSH am Strandvejen in Rønne ist ein Hotel und Konferenzcenter. Im harmonisch in die Bornholmer Landschaft eingebetteten Haus aus der Feder des Architekturbüros 3XN wurden nicht weniger als 75 grüne Lösungen alltagstauglich umgesetzt.

Diese umfassen die nachhaltige Renovierung des 1966 eröffneten Vorgängerbaus ebenso wie den Einsatz nachwachsender Baustoffe für die neue Konferenzabteilung. Geheizt (und gekühlt) wird das Gebäude mit erneuerbaren Energien, beispielsweise aus Sonnenkollektoren an den Balkonen. Nicht verbrauchtes Essen wird kompostiert, Wasser wird vor Ort aufbereitet, alle Konferenzräume verfügen über Tageslicht und soweit wie möglich wurden Naturmaterialien wie Holz sowie recycelte Materialien wie Fensterglas verwendet bzw. darauf geachtet, dass alles nach der Nutzung recyclebar ist. Plastik wurde allgemein verbannt. Und viele Möbelstücke für Zimmer und andere Räume stehen unter dem Motto „New context, new life" für konsequentes Upcycling. Selbst wer nicht hier unterkommt, kann den Park des GSH besuchen, denn er ist jederzeit frei zugänglich.

Hotel GSH: Strandvejen 79, DK-3700 Rønne, Tel. 56 95 19 13, www.greensolutionhouse.dk

Kleine Inseln

ACHT AUS 450 – INSELHOPPING

Ob ich in meinem Leben meinen Fuß auf alle dänischen Inseln setzen werde? Schwierig. Immerhin gibt es rund 450 davon, und dank Wind und Strömungen kommen immer noch neue hinzu! Alle bewohnten Inseln aber könnte man schaffen: Das sind „nur“ 80. Anders gesagt: Dänemark ist das perfekte Reiseziel für Inselsammler!

1 Mandø

Nach Mandø (https://mandoeturist.dk) gelangt man nicht mit der Fähre – sondern mit einem Bus: dem Traktorbus ab Vester Vedsted. Das knuffige Gefährt erreicht in etwa 40 Minuten Dänemarks kleinste Wattenmeerinsel über den Ebbeweg, der bei Ebbe auch Auto- oder Radfahrern offen steht. Nicht einmal 8 km² groß ist Mandø, doch die Natur ist überwältigend: Allein die Sandbank im Süden erreicht bei Ebbe eine Größe von 20 km². Wer hier – stets mit Blick in den Gezeitenkalender! – hinausgeht, erlebt noch echte Einsamkeit. Und trifft nicht selten viele Seehunde. Ansonsten lohnen auf Mandø die kleine Kirche von 1639 und eine Naturausstellung den Besuch.

2 Fur

Nur drei Minuten benötigt die kleine Fähre über den Fursund hinüber nach Fur (www.furnyt.dk). Für Geologen und Fossiliensammler ist die Fahrt jedoch zugleich eine Zeitreise in die Erdgeschichte. Denn auf Fur gibt es mit dem Fur Bryghus nicht nur eine ausgezeichnete Mikrobrauerei, sondern im Norden von Fur auch eine atemberaubende Steilküste aus sogenanntem Mo-Tom (Moler). Das Sedimentgestein setzte sich vor 55 Millionen Jahren auf dem Meeresgrund ab, der damals das heutige Dänemark vollkommen bedeckte. Heute sollten Besucher es sich nicht entgehen lassen, im Fur Museum einige der faszinierenden Versteinerungen zu entdecken! Und ein unvergessliches Erlebnis nicht nur für Familien ist eine Fossilienjagd mit Ranger Bo Pagh Schultz im nahen Steinbruch.

3 Anholt

Mitten im Kattegatt, auf halbem Weg zwischen Jütland und Schweden, liegt Anholt (www.anholt.dk). Nur 145 Menschen leben fest auf der 20 km² großen Insel. Einmalig in Dänemark: Anholt besitzt eine Wüste. So jedenfalls nennen die Bewohner die größtenteils unter Naturschutz stehende Moränen- und Heidelandschaft im Osten, die sich weit ins Meer zieht. Der rote Sand bietet Lebensraum für seltene Tiere und Pflanzen. Die Fähre ab Grenaa verkehrt im Sommer täglich, im Winter dreimal pro Woche. Weil es auf Anholt nur etwa 400 Ferienhäuser gibt, muss ein Inselurlaub in der Regel zeitig geplant sein.

4 Tunø

Autofrei – und Spaß dabei! Das kleine Tunø (www.tunø.dk) im Kattegatt zwischen Jütland und Samsø ist eine der wenigen autofreien dänischen Inseln. Dafür bietet das knapp 4 km² große Eiland mit seinen kaum 100 Bewohnern Urlaubsgenuss pur: Tunø By etwa ist ein idyllisches Dorf mit Kirche aus dem 14. Jh. und einem kleinen Laden. Und Tunøs Küste zeigt das ganze Spektrum dänischer Vielfalt von Steilküste bis (Stein-)Strand. Tunø liegt ab Hov nur eine Fährstunde vom Festland entfernt und ist doch eine Welt für sich.

5 Avernakø

Idylle gesucht? Hier ist sie! Denn das kleine Avernakø (www.avernak.dk) im Inselmeer vor Fünen ist ein Kleinod. Wie ihre Nachbarinseln Bjørnø oder Lyø liegt Avernakø wie ein Farbtupfer im Blau der Ostsee, der nur 30 Minuten per Fähre vom Hafen in Faaborg entfernt ist. Böse Zungen behaupten, auf dem nur 6 km² großen 100-Seelen-Eiland passiere schlicht gar nichts. Aber gerade das ist ein Erlebnis! Immer noch prägt Landwirtschaft das Bild der Insel, die erst 1937 durch die Dammverbindung zwischen Korshavn und Avernak entstanden ist. Wasseratten und Angler finden tolle Strände vor, Hobbyornithologen seltene Zugvögel.

6 Sejerø

Wenn Inseln unterschätzt sein können, dann trifft dies auf die kleinen Eilande rund um das große Seeland ganz sicher zu. Auf dem 12 km langen und etwa 2 km breiten Sejerø (www.sejero.dk), gelegen im Nordwesten der Hauptstadtinsel zwischen den Landzungen Reersø und Sjællands Odde, lässt sich schon bei einem Tagesausflug die Welt „da draußen" vergessen. Wer möchte, kann eine Inselführung auf einem Islandpferd machen. Einen Golfplatz gibt es auch. Und drumherum das weite Meer …

7 Aarø

Aarø (www.aaro.dk) liegt im Kleinen Belt, nicht weit von Haderslev entfernt. Nicht einmal 6 km² groß ist das Inselchen – und durfte doch einmal einen Superlativ sein Eigen nennen: Zwischen 1864 und 1920 war Aarø die nördlichste Insel des Deutschen Reiches. Heute ist Aarø ein noch weitgehend unbekanntes Urlaubsdomizil. Denn obwohl das Eiland nur sieben Fährminuten vom Festland entfernt liegt, ist es noch immer ein Geheimtipp. Kleine Strände, Deiche und Landwirtschaft mit alten Gehöften prägen die nur 8 m hohe Insel – und seit 2004 auch etwas Weinbau auf dem Årø Vingård.

8 Fejø

Willkommen in Dänemarks Obstgarten! Das nördlich von Lolland liegende Fejø (http://fejoe.dk; dänisch) bietet klimatisch beste Bedingungen für leckere Äpfel, Birnen, Pflaumen und andere Früchte. Auch der dänische Starkoch Claus Meyer, Mitgründer des legendären Restaurants „Noma" und Erfinder der Neuen Nordischen Küche, besitzt eine Plantage auf Fejø. Anders als die knapp 600 Bewohner lebt Meyer aber nicht auf dem 16 km² großen Fejø, auf dem man einen langen Urlaub weitab vom Trubel genießen kann. Aber auch ein Tagesausflug lohnt sich unbedingt – die Fähre benötigt nur 15 Minuten!

HILFREICH & NÜTZLICH

Wie reist man hin? Was isst man dort? Was kostet das? Auf diese und viele andere Fragen zu Dänemark gibt unser Serviceteil Antwort – von A bis Z.

Dänische Küchenklassiker sind Lachs, Smørrebrød und natürlich: Hotdog

An- und Einreise

Einreise: Touristen benötigen einen gültigen Personalausweis, ggf. Führer- und Kfz-Schein.
Auto: Von Hamburg geht es über die A 7 Richtung Flensburg, hinter der Grenze beginnt mit der E 45 das weit ausgebaute Autobahnnetz Jütlands. Alternativ geht es auf der A 1 bis Puttgarden auf Fehmarn und von dort per Fähre zur Insel Lolland (45 Min.) und auf der E 47 nach Kopenhagen. Von Berlin nimmt man die A 19 bis Rostock. Von dort geht eine Fähre nach Gedser auf Falster (105 Min.) mit Anschluss zur E 47.
Bahn: Ein IC verkehrt mehrmals tgl. zwischen Berlin, Hamburg und Flensburg nach Aarhus bzw. Kopenhagen. Innerdänisch verbinden Intercity-Züge alle Landesteile. Es gibt auch Überlandbusse (www.rejseplanen.dk).
Flugzeug: Von den meisten größeren deutschen, österreichischen und schweizerischen Flughäfen gibt es Direktflüge nach Kopenhagen. Bornholm-Flüge mit der dänischen Flugesellschaft DAT werden ab Kopenhagen durchgeführt (www.bornholmerflyet.dk; 40 Min.).
Fähren: Nahezu alle bewohnten Inseln des Königreichs sind mit Fähren zu erreichen, die meist auch Autos befördern. Scandlines (www.scandlines.de) betreibt die Linien Puttgarden/Fehmarn–Rødby und Rostock–Gedser sowie Helsingør–Helsingborg/Schweden. Die dänische Reederei Molslinjen bedient die innerdänischen Fährrouten nach Als (Bøjden–Fynshav, www.alslinjen.de), Fanø (Esbjerg–Fanø, www.fanoelinjen.de), Langeland (Spodsbjerg–Tårs, www.langelandslinjen.dk) und Samsø (Kalundborg–Ballen, www.samsoelinjen.de). Von Jütland nach Samsø verkehrt die Samsø Rederi (Hou–Sælvig bzw. nur für Fußpassagiere Aarhus–Sælvig, www.tilsamsoe.dk), nach Læsø ab Frederikshavn Læsøfærgen (www.laesoe-linie.dk). Zwischen Aarhus und Sjællands Odde bzw. Ebeltoft und Sjællands Odde verkehren mehrmals tgl. Schnellfähren in 75 bzw. 55 Min. über den Kattegat (www.molslinjen.dk). Die Reederei läuft auch Bornholm an, auch ganzjährig auf der einzigen Direktverbindung ab Deutschland Sassnitz–Rønne (www.bornholmslinjen.de).

Auskunft

Allgemein: VisitDenmark, die offizielle Touriszentrale, ist unter daninfo@visitdenmark.de und www.visitdenmark.de erreichbar.
Internet: Die Homepage der Dänischen Botschaft in Berlin hat die Adresse www.daenemark.org. Der Kulturkalender www.kultunaut.dk informiert über Veranstaltungen in Dänemark. Das dänische Wetter gibt es auf www.dmi.dk.

Autofahren

Geschwindigkeit: Innerorts beträgt das Tempolimit 50 km/h, auf Landstraßen 80 km/h, auf Autobahnen 110 bzw. 130 km/h. Verstöße werden mit sehr hohen Bußgeldern (ab 135 € bis deutlich über 1000 €) vor Ort geahndet.
Vorschriften: Es wird mit Abblendlicht gefahren, verboten ist das Telefonieren mit dem Handy ohne Freisprecheinrichtung. Alle Personen über drei Jahren müssen Sicherheitsgurte anlegen. Kinder unter drei Jahren dürfen nur in einem Kindersitz mitfahren.
Alkohol: Es gilt die 0,5-Promille-Grenze; wer mit mehr Alkohol im Blut kontrolliert wird, muss den Führerschein sofort abgeben, das Auto wird konfisziert.
Hilfe: Der dänische Automobilklub Falck kann Tag und Nacht gerufen werden. Falck schleppt ab oder repariert (gegen Barzahlung). Bei einem Unfall wendet man sich an Dansk Forening for International Motorkøretøjsforsikring, Tel. 41 91 90 69, dfim@forsikringogpension.dk, www.dfim.dk. Für deutschsprachige Touristen hat der ADAC einen 24-Stunden-Auslandsnotruf Service eingerichtet: Tel. +49 89 22 22 22.
Umweltzonen: Umweltzonen bestehen in Aalborg, Aarhus, Frederiksberg, Kopenhagen und Odense. Dort dürfen dieselbetriebene Lkws, Busse oder Wohnmobile über 3,5 t nur fahren, wenn sie mit dem EcoSticker für EURO4 versehen sind (Infos unter www.green-zones.eu sowie ecosticker.de).
Brücken: Nahezu alle Brücken in Dänemark können kostenlos befahren werden – mit Ausnahme der Großen-Belt-Brücke zwischen Fünen und Seeland (www.storebaelt.dk) und der Øresundbrücke zwischen Kopenhagen und Malmö/Schweden (www.oresundsbron.com).

Essen und Trinken

Dänemarks Küche hat eine Revolution erlebt. Unter dem Motto Neue Nordische Küche haben Starköche wie Claus Meyer, René Redzepi oder Rasmus Kofoed traditionelle Gerichte und saisonale Erzeugnisse salonfähig gemacht. Dänische Top-Restaurants gehören zu den besten der Welt – und der Guide Michelin verlieh zuletzt an 26 Restaurants im Königreich 35 Sterne (2020). Doch man muss nicht exzessiv teuer essen gehen: Auch traditionelle Kros, die dänischen Landgasthöfe, bieten längst neben Klassikern wie **Svinemørbrad med æbler og kartofler** (Schweinefilets mit Äpfeln und Kartoffeln) auch experimentellere Gerichte und manchmal sogar Vegetarisches. Echte Hausmannskost ist das typisch dänische **Stegt flæsk med persillesauce**, Schweinebauch mit Petersilie, Senf und Roter Bete; das Gericht wurde 2014 zum Nationalgericht Dänemarks gewählt. Auf Platz zwei und drei folgten **Smørrebrød** und **Hakkebøf** (Rinderhacksteak). Smørrebrød besteht aus einer Scheibe Schwarzbrot, die mit Fisch, Braten und/oder Gemüse belegt ist. Variieren kann die Qualität beim Hotdog; längst nicht mehr so rot wie einst, gehören die Bratwürstchen im Brötchen zum Alltag. Nicht vorbei kommt man auch an dem süßen **Wienerbrød**, auf Deutsch oft Kopenhagener genannt, einem Blätterteiggebäck. Dass **Bier** im Bierland Dänemark auch bei Geschäftsessen zu Mittag auf den Tisch kommt, ist bezeichnend. Doch auch Weingenuss und -kenntnis gehören zum guten Ton. Guter Wein ist überall erhältlich. Auf eines aber können Dänen keinesfalls verzichten: **Kaffee**. In Cafébars ist er in allen erdenklichen Varianten erhältlich.
Trinkgeld ist in den Preisen bereits enthalten – besondere Leistungen können dennoch extra honoriert werden.
Eine **Alternative zum Restaurantbesuch** ist der Hofverkauf: Viele Bauern bieten Gemüse oder Obst im Gårdsalg (Hofladen) oder am Straßenrand an. Schilder wie Grønt (Gemüse), Frugt (Obst), Æg (Eier) u. a. garantieren Frische.

Preiskategorien

€€€€	Hauptspeisen	über 70 €
€€€	Hauptspeisen	40–70 €
€€	Hauptspeisen	20–40 €
€	Hauptspeisen	bis 20 €

Strandidyll auf Møn – typisch dänisch ist ein Urlaub in einem der vielen Ferienhäuschen, die oft direkt am Wasser stehen.

Feiertage

Neujahr (1. Jan.), Gründonnerstag, Karfreitag, Ostersonntag, Ostermontag, Großer Bet-Tag (Store Bededag; 4. Fr. nach Ostern), Christi Himmelfahrt, Pfingstsonntag, Pfingstmontag, Verfassungstag (Grundlovsdag; 5. Juni), Heiligabend (24. Dez.), 1. Weihnachtstag (25. Dez.), 2. Weihnachtstag (26. Dez.) und Silvester (31. Dez.) sind arbeitsfreie Feiertage.

Geld

Bezahlt wird mit **Dänischen Kronen** (DKK) bzw. **Øre** (1,00 € = 7,44 DKK). Es gibt Banknoten zu 50, 100, 200, 500 und 1000 DKK und Münzen zu 50 Øre sowie 1, 2, 5, 10 und 20 DKK.
Man kann in Dänemark fast überall **bargeldlos** mit Kredit- und Bankkarten (Maestro) bezahlen; es entstehen Bearbeitungsgebühren. Das gilt auch, wenn Bargeld abgehoben wird.
Banken und Sparkassen haben Mo.–Fr. 10.00–16.00, Do. 10.00–17.30 Uhr geöffnet. Banken berechnen meist eine Wechselgebühr von 35 bis 60 DKK, also etwa 5 bis 9 €.

Gesundheit

Arztbesuch: Reisende haben bei plötzlicher Krankheit, Unfall, Geburt oder unerwarteter Verschlimmerung eines chronischen Leidens Anspruch auf kostenlose **Behandlung** in dänischen Krankenhäusern. Meist besteht über die Krankenkasse ein Anrecht auf kostenlose Behandlung und Rückerstattung von Arzt-, Zahnarzt- und Medikamentenkosten. Voraussetzung ist die **Europäische Krankenversicherungskarte** der eigenen Krankenkasse. Wer nicht über eine gesetzliche Krankenkasse versichert ist (und am besten auch dann) sollte eine **Reisekrankenversicherung** abschließen.
Hilfe: Auf der dänischsprachigen Internetseite www.laegevagten.dk findet man die **Notfallnummer** der jeweiligen Urlaubsregion. Bei akuter Gefahr wählt man Tel. 112.

Medikamente: Viele in Deutschland verschreibungsfreie Medikamente sind in Dänemark nur gegen Rezept erhältlich. Rezeptfreie Arzneimittel gibt es auch in einigen Läden und an Tankstellen. Informationen unter www.dvka.de.

Hunde und Haustiere

Laut EU-Regel müssen Tiere per **Tätowierung** oder Chip identifiziert werden können. Zudem benötigen sie einen durch einen Tierarzt ausgestellten Pass und Impfausweis (aktuelle Tollwutimpfung!). Für Jungtiere bis drei Monate muss ein Gesundheitsattest vorliegen, das nicht älter als zehn Tage sein darf.
Die **Einfuhr** von 13 Hunderassen oder ihrer Kreuzungen nach Dänemark ist verboten, sofern die Tiere nach dem 17. März 2010 angeschafft wurden. Sind sie älter, müssen sie an einer max. 2 m langen Leine geführt werden und einen festen Maulkorb tragen (s. auch www.daenemark.org).
In Wäldern besteht für alle Hunde Leinenpflicht. An Stränden sind Hunde erlaubt, müssen aber von April bis Sept. angeleint sein – auch im Wasser. Von Juni bis Mitte Sept. dürfen Hunde nur an Stränden ohne Blaue Flagge ins Wasser.

Öffnungszeiten

Geschäfte: Händler haben recht freie Wahl bei den Öffnungszeiten. In der Regel haben Einzelhändler Mo. bis Do. von 10.00 bis 18.00, Fr. oft auch bis 20.00 Uhr geöffnet. Größere Geschäfte und Kaufhäuser haben oft auch So. geöffnet, viele Supermärkte tgl. 8.00 bis 22.00 Uhr; auf dem Land allerdings meist kürzer. An Feiertagen, dem Verfassungstag, am 24.12. sowie am 31.12. sind sie ab 15.00 Uhr geschlossen.
Post: Die dänische Post hat keine eigenen Filialen mehr. Briefmarken kauft man in Supermärkten, Kiosken o. ä. Diese nehmen auch Pakete an (www.postnord.dk).

Info

Daten & Fakten

Landesnatur: Die Eiszeiten haben die Landschaft geprägt. Die Küsten sind meist flach, Schmelzwasserrinnen wurden zu tief ins Land reichenden Fjorden. Landwirtschaft hat die Natur verändert: Moore wurden trockengelegt, Wälder gerodet, Heide urbar gemacht. Die Landesfläche beträgt 43 098 km²; dazu gehören 474 Inseln, von denen 78 bewohnt werden. Die Küstenlinie beträgt 7300 km, größte Insel ist Seeland (7104 km²), höchste Erhebung der Møllehøj (170,86 m), längster Fluss die Gudenå (158 km), größter Binnensee der Arresø.
Klima: Von Juni bis Sept. scheint die Sonne genauso häufig wie etwa über Bayern, in einigen Gebieten sogar häufiger (Bornholm, Anholt, Lolland, Fünen). Die Temperaturen können 30 °C und mehr erreichen.
Bevölkerung: In Dänemark leben 5,8 Mio. Menschen, etwa 77 % gehören der evangelisch-lutherischen Staatskirche an. Knapp 9 % der Bürger haben ausländische Wurzeln. Kopenhagen ist mit 1,3 Mio. Einw. die größte Stadt, es folgen Aarhus (345 000 Einw.), Aalborg (215 000) und Odense (200 000).
Politik: Dänemark ist in fünf Regionen eingeteilt (Nordjütland; Mitteljütland; Südjütland mit Fünen, Ærø und Langeland; Südseeland mit Lolland, Falster und Møn; Nordseeland als Hauptstadtregion mit Bornholm); hinzu kommen die Færøer-Inseln und Grønland: Sie gehören zum dänischen Staatsgebiet, verwalten sich jedoch selbst. Staatsoberhaupt der parlamentarischen Monarchie ist Königin Margrethe II. Gesetzgebendes Organ ist das Folketing aus 179 Abgeordneten. Es wählt den Ministerpräsidenten und die Minister, die vom Monarchen ernannt werden.
Wirtschaft: 62 % der Landesfläche werden landwirtschaftlich genutzt. Etwa 3 % der Beschäftigten arbeiten in der Landwirtschaft, 24 % in der Industrie, mehr als 70 % im Dienstleistungsbereich. Dänemark hat keine Schwerindustrie. Produziert und exportiert werden Nahrungsmittel, Elektronik, Möbel und Medizin- bzw. chemische Produkte. Die wichtigsten Exportartikel sind (Schweine-) Fleisch und Strom, der zu einem großen Teil aus Windkraftanlagen stammt. Dänemark besitzt außer Rohöl und Erdgas aus der Nordsee keine Rohstoffe und verzichtet auf Kernkraftwerke. Der Lebensstandard gilt als einer der höchsten in der Welt, Arbeitslosigkeit (Herbst 2020: 6,2 %) und Staatsverschuldung sind vergleichsweise niedrig.

Info

Geschichte

Ab 13 000 v. Chr.: Im Bereich des heutigen Dänemark entstehen erste Siedlungen.
793: Beginn der Wikingerzeit. Vor allem Dänen und Norweger führen Raubzüge durch und etablieren weitverzweigte Handelsbeziehungen.
826: Der Mönch Ansgar bringt das Christentum nach Dänemark.
962: König Harald Blauzahn tritt zum Christentum über. Bildung eines gesamtdänischen Königreichs mit Zentrum in Jelling.
1202: Valdemar II. gliedert Holstein dem dänischen Reich ein. 1219 erobert er Estland. Der „Dannebrog" wird Nationalflagge.
1380: Olav III. erbt Norwegen, Island, die Færøer-Inseln und Grønland.
1389: Gründung der Kalmarer Union.
1397: Dänemark, Schweden und Norwegen bilden ein Reich unter dänischer Flagge.
1417: Kopenhagen wird Hauptstadt.
1460: Christian I. bindet die Herzogtümer Schleswig und Holstein an Dänemark.
1523: Schweden gelingt es unter Gustav I. Wasa, von Dänemark unabhängig zu werden.
1536: Christian III. führt die Reformation ein.
1563–1570: „Dreikronenkrieg" Dänemarks gegen Schweden. Landverluste in Süd- und Westschweden.
1588–1648: Christian IV. gründet Oslo, Kristianstad und Glückstadt, erneuert als Renaissancebauherr Kopenhagen und kämpft im Dreißigjährigen Krieg auf der „falschen" Seite: Dänemarks Vormachtstellung im Norden endet.
1658: Schweden erkämpft sich alle bis dahin dänischen Gebiete östlich des Øresunds.
1660: In Dänemark wird die absolute und erbliche Monarchie eingeführt.
1801–1807: In den Napoleonischen Kriegen kämpft Dänemark an Frankreichs Seite.
1814: Nach Napoleons Rücktritt muss Dänemark Helgoland an England und Norwegen an Schweden abtreten.
1815–1850: Guldalderen – Goldenes Zeitalter dänischer Kunst und Wissenschaften.
1848: Die konstitutionelle Monarchie wird eingeführt. Der Versuch, das dänische Staatsgebiet offiziell bis zur Eider auszudehnen, führt zu einem Aufstand in Schleswig-Holstein, der 1852 niedergeschlagen wird.
1864: Nach der dänischen Niederlage bei Dybbøl annektieren die siegreichen Österreicher und Preußen Schleswig und Holstein.
1914–1918: Dänemark bleibt neutral.
1920: Nordschleswig stimmt mehrheitlich für die dänische Zugehörigkeit.
1940–1945: Besetzung Dänemarks durch deutsche Truppen. Ab 1943 Kriegsrecht. 1944 gelingt es, den größten Teil der dänischen Juden nach Schweden zu schleusen.
1949: Dänemark Gründungsmitglied der Nato.
1953: Neue Verfassung und Einführung der weiblichen Thronfolge.
1971: Hausbesetzer rufen im Kopenhagener Stadtteil Christianshavn den „Freistaat Christiania" aus, heute mit Bestandsrecht.
1972: Margrethe II. (*1940) wird Königin.
1973: Beitritt zur Europäischen Wirtschaftsgemeinschaft. Grönland tritt 1985 wieder aus.
2001: Die Dänen stimmen gegen den Euro.
2004: Kronprinz Frederik heiratet Mary Donaldson. 2005 Geburt von Prinz Christian Valdemar Henri John.
2020: Königin Margrethe II. wird 80.

Sport

Angeln: Fast überall auf dem Meer und an der Küste ist Angeln mit **Angellizenz** erlaubt (www.visitdenmark.de/angeln). Im Süßwasser darf nur angeln, wer die Erlaubnis des Eigentümers oder eine Angelkarte für das Gewässer erworben hat. Auch dann benötigt man eine Angellizenz von den örtlichen Touristeninformationen. Überall gibt es private Angelseen (www.putandtake.info).
Golf: Dänemark hat etwa 180 Golfplätze (www.visitdenmark.de/golfen, www.golf.dk).
Radfahren: Der Zustand der über 10 000 km Radwege ist hervorragend; Kopenhagen besitzt sogar „Fahrrad-Autobahnen". Direktes Linksabbiegen auf Straßen ist Radfahrern untersagt: Kreuzungen geradeaus überqueren, anhalten, dann die Fahrbahn queren!
Neben 26 **Panorama-Radwegen** (bis 40 km Länge) führen mehrere Fernradwege durchs Land, etwa der Nordseeküstenradweg (560 km; www.eurovelo.com) und der Ostseeradweg (www.visitdenmark.de/ostseeradweg). Fahrradkarten und allgemeine Informationen bietet der Dansk Cyklist Forbund (Rømersgade 5, DK-1362 København K, Tel. 33 32 31 21, www.cyklistforbundet.dk), Infos gibt es auch unter www.visitdenmark.de/radfahren.
Segeln: Es gibt rund 300 Jachthäfen. Die Liegegebühren sind moderat, auch die kleinsten Häfen verfügen über moderne sanitäre Einrichtungen. Infos hat Dansk Sejlunion (Idrættens Hus, DK-2605 Brøndby, Tel. 88 20 70 00, www.sejlsport.dk).
Surfen: Die dänischen Küsten eignen sich an vielen Stellen gut zum Windsurfen. Beliebt sind Ringkøbing Fjord und Limfjord. Die Jammerbucht bei Klitmøller gilt als Europas „Kaltes Hawaii".
Wandern: Wanderwege listet www.visitdenmark.de/wandern auf. Die dänische Naturschutzbehörde Naturstyrelsen stellt digitale Guides sowie Pdfs von zahlreichen Wanderrouten in Naturgebieten bereit (https://naturstyrelsen.dk/naturoplevelser/naturguider).
Eine der schönsten Etappen des „Wanderwegs des Inselmeeres" (Øhavsstien, www.detsydfynskeoehav.dk) verläuft über Ærø von Marstal via Ærøskøbing nach Søby (36 km).

Telefon

Münztelefone gibt es in Dänemark nicht mehr. Man braucht also ein Mobiltelefon (Roaminggebühren innerhalb Europas sind abgeschafft).
Vorwahl nach Deutschland 0049, nach Österreich 0043, in die Schweiz 0041 und nach Dänemark 0045. Bei Servicenummern (mit * gekennzeichnet) fallen abweichende Gebühren an.

Unterkunft

Hotels: Gasthöfe, die **Kros**, bieten Flair und oft auch gute Küche (s. Small Danish Hotels, Vejlevej 16, DK-8700 Horsens, Tel. 75 64 87 00, www.smalldanishhotels.dk).
Romantisch wohnt man in **Schlössern und Herrenhäusern** (Danske Slotte & Herregårde, Ll. Sct. Mikkels Gade 7, 8800 Viborg, Tel. 86 60 38 44, www.schloesser-herrensitze.dk).
Über 100 Familien- und **Jugendherbergen** mit Zwei- bis Sechs-Bett-Zimmern verteilen sich über Dänemark (Danhostel, Vodroffsvej 32, 1900 Frederiksberg; Tel. 33 31 36 12, www.danhostel.dk).
Unter www.bauernhofurlaub.dk findet man rund 60 dänische **Bauernhöfe**, die Gästezimmer oder Ferienwohnungen vermieten.
Bed & Breakfast-Unterkünfte gibt es im ganzen Land; oft sind sie am Straßenrand mit dem Hinweis „Værelser" (Zimmer) ausgeschildert (www.bedandbreakfastguide.dk).
Camping: In Dänemark gibt es rund 450 zertifizierte Campingplätze, oft mit Campinghütten oder Wohnwagen. Ein Campingpass (Camping Key Europe) ist immer erforderlich. Campen außerhalb von Campingplätzen ist verboten, außer auf „primitiven" Plätzen in der Natur oder Privatgrund (www.daenischecampingplaetze.de).
Ferienhäuser: Rund 45 000 Ferienhäuser werden in Dänemark vermietet. Bekannte Vermittler: Dansommer (Tel. 040 23 88 59 92, www.dansommer.de), DanCenter (Tel. 040 309 70 30, www.dancenter.de), Sonne und Strand (Ilsigvej 21, DK-9492 Blokhus, Tel. 0461 144 20 20, www.sonneundstrand.de), Feriepartner Danmark A/S (Mynstersvej 5, DK-1827 Frederiksberg C, Tel. 0800 358 75 28*, www.feriepartner.de), Ferienhausvermittlung Kröger & Rehn (Tel. 0800 358 75 28*, www.dansk.de), Nordsee Holidays (Strand-vejen 430, DK-6854 Henne Strand, Tel. 0045 70 30 00 41, www.nordsee-holidays.dk).

Preiskategorien

€€€€	Doppelzimmer	über 270 €
€€€	Doppelzimmer	190–270 €
€€	Doppelzimmer	120–190 €
€	Doppelzimmer	bis 120 €

REGISTER

Fette Ziffern verweisen auf Abbildungen

Impressum

4. Auflage 2021

Verlag: DuMont Reiseverlag, Postfach 3151, 73751 Ostfildern, Tel. 0711 45 02 0, Fax 0711 450 21 35, www.dumontreise.de
Geschäftsführer: Dr. Stephanie Mair-Huydts, Markus Schneider
Programmleitung: Birgit Borowski
Redaktion: Julia Wilhelm (red.sign GbR, Stuttgart)
Text: Christoph Schumann, Hamburg
Exklusiv-Fotografie: Gerald Hänel, Hamburg
Titelbild: laif/Niklas Grapatin
Zusätzliches Fotomaterial: S. 4/5 VisitDanmark/Kim Wyon, 8/9 huber-images/Christian Bäck, 12/13 Lookphotos/Thomas Rötting, 18/19 mauritius images/imagebroker/Georg Stelzner, 22 l. u. DuMont Bildarchiv/Holger Leue, 22 r. o. Shutterstock/primiaou, 22 r. u. laif/Berthold Steinhilber, 23 o. l. Frederikssund Vikingespil, 23 o. r. mauritius images/imagebroker/Wolfgang Diederich, 23 u. laif/Gerald Hänel, 39 o. laif/Stefan Falke, 40 r. DuMont Bildarchiv/Holger Leue, 41 mauritius images/imagebroker/Harald Wenzel-Orf, 44/45 picture-alliance/AP Photo/Ritzau Scanpix/Hans Ravn, 48 o. DuMont Bildarchiv/Hartmut Schwarzbach, 48 u. DuMont Bildarchiv/Holger Leue, 48/49 mauritius images/Alamy/Thomas Kyhn Rovsing Hjørnet, 55 o. laif/Jan-Peter Boening, 56 o. Shutterstock/Netkoff, 56 u. l. Lookphotos/Hauke Dressler, 57 r. o. mauritius images/imagebroker/Dr. Wilfried Bahnmüller, 59 l. DuMont Bildarchiv/Hartmut Schwarzbach, 61 Kattegatcentret Grenaa/Morten Fauerby/Montgomery ApS, 82 o. DuMont Bildarchiv/Holger Leue, 93 picture-alliance/Femern A/S, 97 Shutterstock/WismarPhoto, 108 Corbis/Antonio Bronic, 109 VisitDanmark/Kim Wyon, 112 r. u. DuMont Bildarchiv/Holger Leue, 113 Green Solution House, 114 l. o. huber-images/Gräfenhain, 114 l. u. laif/Michael Amme, 114 r. mauritius images/Alamy/Premium Stock Photography GmbH, 115 l. picture-alliance/dpa/Jens Becker, 115 r. o. DuMont Bildarchiv/Holger Leue, 115 r. u. laif/Michael Amme, 120 l. huber-images/Susy Mezzanotte, 120 r. laif/hemis.fr/Aurélien Brusini, 121 o. l. Shutterstock/MajaSj, 121 o. r. picture-alliance/HAFEN-FOTOS.de/Petra Schumacher, 121 u. mauritius images/Alamy/Brian Bjeldbak
Grafische Konzeption, Art Direktion: fpm factor product münchen
Layout: CYCLUS · Visuelle Kommunikation, Stuttgart
Cover-Gestaltung: Cyclus · Visuelle Kommunikation, Stuttgart
Kartografie: © MAIRDUMONT GmbH & Co. KG, Ostfildern
Kartografie Lawall (Karten für „Unsere Favoriten")

DuMont Bildarchiv: Marco-Polo-Straße 1, 73760 Ostfildern, Tel. 0711/4502-0, bildarchiv@mairdumont.com

 Erscheinungsweise: monatlich.

Anzeigenvermarktung: MAIRDUMONT MEDIA, Tel. 0711/4502-0, Fax 0711/4502-1012, media@mairdumont.com, http://media.mairdumont.com
Vertrieb Zeitschriftenhandel: PARTNER Medienservices GmbH, Postfach 810420, 70521 Stuttgart, Tel. 0711/7252-212, Fax 0711/7252-320
Vertrieb Abonnement: Leserservice DuMont Bildatlas, Zenit Pressevertrieb GmbH, Postfach 810640, 70523 Stuttgart, Tel. 0711/7252-265, Fax 0711/7252-333, dumontreise@zenit-presse.de
Vertrieb Buchhandel und Einzelhefte: MAIRDUMONT GmbH & Co KG, Marco-Polo-Straße 1, 73760 Ostfildern, Tel. 0711/4502-0, Fax 0711/4502-340
Reproduktionen: PPP Pre Print Partner GmbH & Co. KG, Köln
Druck und buchbinderische Verarbeitung: NEEF + STUMME GmbH, Wittingen
Printed in Germany

FSC®
www.fsc.org
MIX
Papier aus verantwortungsvollen Quellen
FSC® C001857

Urlaub erinnern...

Jeder Urlaub geht einmal zu Ende – was bleibt, sind die Mitbringsel, aber auch die Erinnerungen an Land und Leute, an Aromen und Düfte und an manche Kuriosität.

IM WIND WIE EIN WIKINGER

Einmal ein Wikinger sein und in einem echten Wikingerboot in See stechen: Vom Vikingeskibsmuseum in Roskilde aus können Sie im Sommer mit einem originalgetreu nachgebauten Wikingerschiff auf den Roskilde Fjord hinausfahren. Dabei muss kräftig mit angepackt werden – den Muskelkater gibt's als kleine Erinnerung kostenlos obendrauf.

WO DIE ROTE SONNE IM MEER VERSINKT

Nirgendwo versinkt die Sonne so schön im Meer wie in Gammel Skagen! Das glauben Sie nicht? Bei gutem Wetter – und nicht nur dann – treffen sich im Sommer abends oft Hunderte Romantiker an der Nordsee, um einen unvergesslichen Tag ausklingen zu lassen. Treffpunkt ist der Platz am „Solnedgangskiosken" – am kleinen „Sonnenuntergangskiosk" gibt es Eis oder ein Glas Wein, je nach Geschmack. Und wenn der rote Ball hinterm Horizont verschwindet, erhält das schönste Naturschauspiel im Königreich gebührenden Szenenapplaus.

SCHÖN UND AUCH NOCH PRAKTISCH

Design – oder nicht sein: Dänischer Stil überzeugt mit seiner perfekten Kombination aus gelungener Form und praktischer Funktion. Eine klassisch blaue Tasse von Royal Copenhagen, ein fröhlich hüpfender Hoptimist oder eine bunt gestreifte Vase aus der Manufaktur Kähler bringen ein Stück dänische Einrichtungskultur in jedes Heim.

MALERISCHES LICHT

Es ist dieses ganz besondere Licht: Um 1900 entstand in Skagen an Dänemarks Nordspitze eine der wichtigsten Künstlerkolonien Europas. Michael und Anna Ancher oder Peder Severin Krøyer malten Natur und Menschen der Region. Im Skagens Museum überwältigen ihre Werke Kunstfans noch heute mit herrlicher (Farb-)Kraft. Dänemark durch die Augen seiner Menschen zu sehen, ist ein prägendes Erlebnis.

UPCYCLING AUF DÄNISCH: LOPPER

Ein Kerzenständer vom Flohmarkt am Hafen, ein königlicher Leibgardist im Miniformat aus dem Rote-Kreuz-Laden, ein Becher von einem Flohmarktstand am Straßenrand – jeder „Loppemarked" weckt die Sammellust und bereichert das Urlaubsgepäck um ein Souvenir.

INSELN SAMMELN

Mehr als 400 Inseln machen das kleine König- zu einem echten Inselreich. Im „Øpas“ haben sich 27 kleine Eilande zusammengetan: Mit dem „Inselpass“ kann man zwischen Aarø und Venø Inseln in Stempelform sammeln. Ich gestehe: Mir fehlen auch noch einige. Aber ich arbeite daran!

»WIR HABEN DEN WECHSEL DER JAHRESZEITEN, DIE WEISSEN NÄCHTE, DEN GANZEN ZAUBER, MIT DEM WIR ZURANDE KOMMEN MÜSSEN …«

Der Maler Oluf Høst über das Licht auf Bornholm

ANREGEND – UND BEDENKENSWERT …

… ist, dass in Dänemark alle Menschen ein wenig gleicher sind, etwa im Beruf Frauen und Männer oder Angestellte und Chefs. Das allgegenwärtige Du ist nie abwertend. Ich bewundere auch das beruhigende Gefühl des Vertrauensprinzips: Ein gegebenes Wort gilt noch. Und Obst und Gemüse kann man an einem unbewachten Stand am Straßenrand kaufen.

HYGGE FÜR DAHEIM

Dieses Buch hätte ich gern selbst geschrieben. Denn Meik Vikings „Hygge – ein Lebensgefühl, das einfach glücklich macht“ hat das dänische Grundgefühl zu einem Exportschlager gemacht. Eine Lebenseinstellung, die ich schon seit Jahrzehnten kenne und liebe. Die mehr ist als Kuscheldecke und Kerze. Hygge meint das Beisammensein mit Freunden oder Familie, den Plausch mit Nachbarn auf der Straße, kleine Dinge und Gesten groß zu schätzen. Reinschauen und genießen!

WELLENREITERKUNST

Das kleine Klitmøller an Nordjütlands Nordseeküste ist als „Cold Hawaii“ internationaler Hotspot für Surfer. Bestes Anfängerrevier mit guten Winden ist aber der Ringkøbing Fjord. Wer hier in einem geselligen Kurs in einer Surfschule Wellenreiten, Kitesurfen oder Stand-up-Paddeln erlernt, erfährt, dass Wasser trägt. Jedenfalls in Dänemark.

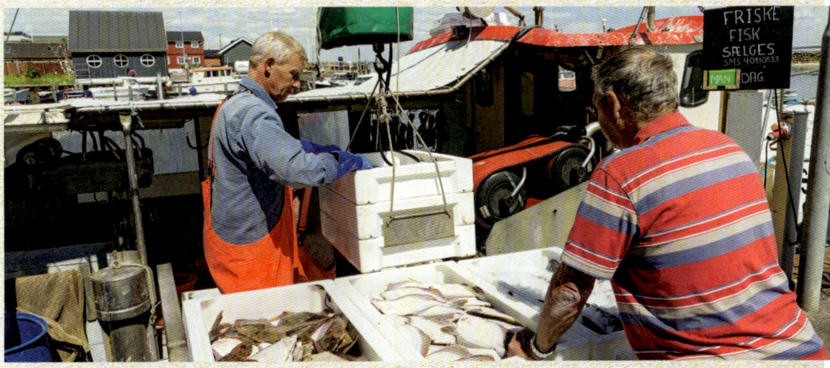

SALZIGE MITBRINGSEL

Fangfrischer Fisch vom Kutter in Løkken, Stege oder einem der vielen kleinen Häfen macht die erste Nach-Urlaubs-Mahlzeit zu Hause zu einem Genuss mit Fernweh auf der Zunge.

PORTO PORTUGAL NORDEN

Die Schöne am Douro
Lange im Schatten Lissabons hat sich Porto in den letzten Jahren in der ersten Riege der weltweiten Topreiseziele einen Platz gesichert. Und das zu Recht! Sehen Sie selbst!

Mittelalter live
Abseits der Küsten scheint in Nordportugal die Zeit stillzustehen – ein Besuch in den „historischen Dörfern zwischen Coimbra und Porto ist ein besonderes Erlebnis.

www.dumontreise.de

OSTSEEKÜSTE MECK-POMM

Im Zeichen der Hanse
Wir stellen die Stadtschönheiten Rostock, Stralsund, Wismar, Greifswald und Anklam mit ihren Sehenswürdigkeiten ausführlich vor.

Strände ohne Ende ...
... und für jeden Geschmack mit guter Infrastruktur oder ganz naturbelassen. Finden Sie mit Hilfe des DuMont Bildatlas Ihr persönliches Strandparadies.

LIEFERBARE AUSGABEN

DEUTSCHLAND
207 Allgäu
216 Altmühltal
220 Bayerischer Wald
180 Berlin
162 Bodensee
217 Brandenburg
175 Chiemgau, Berchtesg. Land
013 Dresden, Sächsische Schweiz
152 Eifel, Aachen
157 Elbe und Weser, Bremen
168 Franken
020 Frankfurt, Rhein-Main
112 Freiburg, Basel, Colmar
028 Hamburg
026 Hannover zw. Harz und Heide
042 Harz
023 Leipzig, Halle, Magdeburg
210 Lüneburger Heide, Wendland
188 Mecklenburgische Seen
038 Mecklenburg-Vorpommern
033 Mosel
190 München
047 Münsterland
223 Nordseeküste Schleswig-Holstein
006 Oberbayern
161 Odenwald, Heidelberg
035 Osnabrücker Land, Emsland
002 Ostfriesland, Oldenburger Land
164 Ostseeküste Mecklenburg-Vorpommern
154 Ostseeküste Schleswig-Holstein
201 Pfalz
040 Rhein zw. Köln und Mainz
185 Rhön
186 Rügen, Usedom, Hiddensee
206 Ruhrgebiet
149 Saarland
182 Sachsen
159 Schwarzwald Norden
045 Schwarzwald Süden
018 Spreewald, Lausitz
008 Stuttgart, Schwäbische Alb
141 Sylt, Amrum, Föhr
204 Teutoburger Wald
170 Thüringen
037 Weserbergland
173 Wiesbaden, Rheingau

BENELUX
156 Amsterdam
011 Flandern, Brüssel
179 Niederlande

FRANKREICH
177 Bretagne
021 Côte d'Azur
032 Elsass
009 Frankreich Süden Okzitanien
019 Korsika
213 Normandie
001 Paris
198 Provence

GROSSBRITANNIEN/IRLAND
187 Irland
202 London
189 Schottland
227 Südengland

ITALIEN/MALTA/KROATIEN
181 Apulien, Kalabrien
211 Gardasee
222 Golf von Neapel, Kampanien
163 Istrien, Kvarner Bucht
215 Italien, Norden
005 Kroatische Adriaküste
167 Malta
155 Oberitalienische Seen
158 Piemont, Turin
014 Rom
165 Sardinien
003 Sizilien
203 Südtirol
039 Toskana
091 Venedig, Venetien

GRIECHENLAND/ZYPERN/TÜRKEI
034 Istanbul
016 Kreta
176 Türkische Südküste, Antalya
148 Zypern

MITTEL- UND OSTEUROPA
104 Baltikum
208 Danzig, Ostsee, Masuren
169 Krakau, Breslau, Polen Süden
044 Prag
193 St. Petersburg

ÖSTERREICH/SCHWEIZ
192 Kärnten
004 Salzburger Land
196 Schweiz
226 Tirol
197 Wien

SPANIEN/PORTUGAL
043 Algarve
214 Andalusien
150 Barcelona
025 Gran Canaria, Fuerteventura, Lanzarote
172 Kanarische Inseln
199 Lissabon
209 Madeira
174 Mallorca
225 Porto, Nordportugal
007 Spanien Norden, Jakobsweg
219 Teneriffa, La Palma, La Gomera, El Hierro

SKANDINAVIEN/NORDEUROPA
166 Dänemark
212 Finnland
153 Hurtigruten
029 Island
200 Norwegen Norden
178 Norwegen Süden
151 Schweden Süden, Stockholm

LÄNDERÜBERGREIFENDE BÄNDE
224 Donau – Von der Quelle bis zur Mündung
112 Freiburg, Basel, Colmar
221 Kreuzfahrt in der Ostsee

AUSSEREUROPÄISCHE ZIELE
183 Australien Osten, Sydney
109 Australien Süden, Westen
218 Bali, Lombok
195 Costa Rica
024 Dubai, Abu Dhabi, VAE
160 Florida
036 Indien
205 Iran
027 Israel, Palästina
111 Kalifornien
031 Kanada Osten
191 Kanada Westen
171 Kuba
022 Namibia
194 Neuseeland
041 New York
184 Sri Lanka
048 Südafrika
012 Thailand
046 Vietnam